国际服装丛书·营销

U0830428

视觉·服装

——终端卖场陈列规划

[韩] 金顺九 / [韩] 李美榮 / 穆芸　编著

穆芸　译

中国纺织出版社

内 容 提 要

本书以视觉营销为切入点，根据消费者的心理感受来制定终端卖场的陈列规划。着重讲解如何表现商品的商业价值、运用怎样的技术和手段达到高水平的高品位的陈列，实现商品的视觉战略表现。视觉营销真正的目的不是以夸张的视觉效果引起顾客的冲动性购买，而是要把商品所富有的价值和特点诚实、愉快地展现给顾客。

本书以图文并茂的形式细致描述并点评了陈列卖场，精美的实战性陈列照片便于读者进行比较，易于理解，希望能给对此有兴趣的读者以一点点帮助。

著作权合同登记号：01－2007－1129

图书在版编目（CIP）数据

视觉·服装：终端卖场陈列规划／（韩）金顺九，（韩）李美荣，穆芸编著，穆芸译．—北京：中国纺织出版社，2007.3（2016.11重印）

（国际服装丛书·营销）

ISBN 978－7－5064－4300－5

Ⅰ．视…　Ⅱ．①金…②李…③穆…④穆…　Ⅲ．服装—商品陈列

Ⅳ．TS942.8　J525.2

中国版本图书馆CIP数据核字（2007）第023343号

策划编辑：刘　磊　金　昊　　责任编辑：魏　萌　　责任校对：余静雯

责任设计：何　建　　责任印制：何　艳

中国纺织出版社出版发行

地址：北京市朝阳区百子湾东里A407号楼　邮政编码：100124

销售电话：010—67004422　传真：010—87155801

http：// www.c-textilep.com

E-mail：faxing@ c-textilep.com

中国纺织出版社天猫旗舰店

官方微博 http：//weibo.com/2119887771

北京市盛通印刷股份有限公司印刷　各地新华书店经销

2007年3月第1版　2016年11月第8次印刷

开本：635×965　1/12　印张：19

字数：109千字　定价：48.00元

序

中国加入WTO以后，外商、外企纷纷抢占中国市场，尤其是服装行业，它们之所以能够在中国市场迅速占有一席之地，陈列规划技术所起到的视觉制胜作用是不容忽视的。社会经济的繁荣造就了细分化的市场和细分化的消费群体，陈列设计和商品规划对企业产品终端销售的重要意义和作用已经成为业界的共识。在这样的社会背景下，对该行业的专业人才的需求也变得越来越迫切了。对于中国服装服饰企业来说，要寻找具有专业水平的陈列设计师并非易事，这与中国服装行业缺乏专才的现实情况密不可分。虽然我国服装艺术院校众多，但是在视觉营销、陈列设计的专业设置上还相对薄弱。因此，企业在寻找这样专才的同时，也需注重对在岗人员专业水平的培养。

美国市场营销学会（AMA）研究表明，人们关注某一个商品的时间通常在于前3秒钟，在这3秒钟的时间内决定要购买商品，70%是因为产品的视觉表现力。这种强大的视觉表现力来自于高超的陈列设计方法的运用。陈列设计是通过运用各种道具，结合时尚文化及产品定位，采用各种展示技巧表现商品的特性。随着欧美等国在陈列设计方面的不断出新，日本和韩国这些受西方思想影响较大的国家，纷纷接收世界陈列设计最尖端的信息，并且结合本国及亚洲国家的特色，融合为具有亚洲特色的最新流行变化趋势，实现了全球流行信息的本土化，为亚洲国家引进最新的陈列设计方法打下了坚实的基础。

大连轻工业学院服装学院的穆芸老师在韩国留学期间潜心研究服装的视觉营销，翻译了大量资料，并结合其五年品牌公司一线终端营销的工作经验，与导师韩国东西大学服装营销专家金顺九教授、韩国乐天百货视觉营销与陈列（VMD）部李美榮女士一起编著出版了此书。全书以深入浅出的语言，大量最新的图片资料，从最新的陈列概念出发，详细阐述了顾客的感官、心理和陈列之间的交互作用以及功能性、功利性和服务性的陈列技巧，具有很强的专业可读性和实际操作性。

此书以该行业国际标准的概念——视觉营销（VM）为出发点，以三大陈列空间（VP、PP、IP）为依准，以视觉化营销为切入点，尤其以消费者的心理感受来制造终端卖场的视觉化效果。它的优势在于告诉读者如何表现商品的商业价值，运用什么样的技术和手段达到高水平和高品位的陈列，将商品作为视觉化战略加以表现，并附有大量韩国、日本、欧美服装品牌卖场的陈列图片。

本书简要描述了服装等分类卖场的陈列规则，文字易懂、操作简单易学，非服装或设计专业的读者可以当作基础手册来运用，能扩大受众的交流学习面。衷心地希望本书能对更多的陈列设计者有所启发，投入到这一有着良好发展前景和方向的时尚行业中来，为推动我国服装品牌的发展做出贡献！

中国服装功勋人物荣誉勋章获得者

中国服装设计师协会著名高级服装设计师

2007年2月

前　言

从韩国学习归来，开始翻译本书并重新编写，差不多用了一年半的时间。对于学习韩语只有两年的我来说，这真是一个极限的挑战，此经历如同我将用中文写就的毕业论文一一翻译成韩文。我不是语言天才，我只是用了铁杵磨成针的工夫。

虽然韩国东西大学数字化研究生院为中国研究生配备了中文翻译，但我仍对这门语言充满了浓厚的兴趣。韩语的外来语很多，尤其是服装领域中的一些专业术语，多用英文或法文，还有日语的译音。好在韩国的各种翻译网站十分发达和健全，只要在网上，一切都可以高效率地解决。大量的专业必修、选修课之余，还要学习语言，参加展览和交流活动，并争取到各处旅游去感觉韩国的美景和美食……可以说在韩国的两年生活，给我留下了美好的记忆。

在天津美术学院读大三的时候，我的第一份兼职工作就是做五家服装连锁商场的美工，按照现在的职业名词来说就是服装陈列设计师。每周四个半天，奔波在学校和各商场之间。所有的橱窗、货架、人形模特都是我工作的区域，尤其是新货到店、年节假日，也是我忙得不亦乐乎的时候。记得在快过春节的日子里，我穿着工装裤，爬上三米多的高梯去挂我手绘的POP海报时，底下正路过的一个顾客抬头脱口而出，咦，这家店的美工怎么是个女孩？我自豪地冲他笑了笑，继续自己手中的工作。因为对那份工作的热爱，也缘于老总对我的赏识，这个差事一直做到毕业前夕。在那段美好的时光里，也得到了总经理和商场内所有员工的关爱，使我迅速从学生角色转换为社会职业人，想来那段难忘的打工经历正是我现今进行陈列研究的渊源所在吧。

在毕业后几年的外企职业生涯中，无论做服装设计师还是做市场营销推广工作，我都有意识地对终端卖场陈列进行思考和研究。从最初的商品规划到店面的陈列实施，再到后来去各城市巡店、做陈列培训工作，一路走来，我越来越深切地感到：陈列，绝不是单项的技术工作，它包含的内容实在太多了，可以说它不仅要遵循美学原则，还要把握促销原则、便利顾客原则、控制成本原则、维系竞争原则等，它具有刺激和影响商品实际销售的重要意义！

近几年的“韩流风潮”也使大量的韩国服装品牌进入中国市场。尤其是面对韩国本土市场的饱和，中国更是韩国商家眼中的事业沃土！纵观韩国优秀的服装品牌，无一不把视觉营销作为其销售的战略和手段。也因于此，一个幸运的机会，让我毅然决然地来到韩国，带着几年工作的实际经验，带着曾遇到过的不惑不解，带着对知识的渴望，去深造服装营销专业。

服装的视觉营销（VM, Visual Merchandising）是我研究的重中之重。服装视觉陈列在韩国被称为VMD（Visual Merchandising and Display），服装设计专业所在院校都设置了这门课程或独立的专业体系。韩国VMD的概念体系，已经非常成熟并适用于各大品牌卖场规划中。这个专业所培养的学生在实际工作中，不仅仅包含着陈列的设计，更多的是从营销角度、顾客心理进行陈列规划的设计。本书以轻松自如的语言，将最新的服装视觉营销概念娓娓道来。书中提供了大量生动的现场图片，都是在韩国、英国、法国、美国实际拍摄得到的，均为2006年各个百货公司、卖场的实景图片，对从事陈列工作的专业人士具有真正的时效参考意义。

当我的导师金顺九教授、好友李美榮女士和我一起商议此书的翻译和重编时，心中就暗下决心：一定要用专业的语言翻译，并在国内最优秀的专业出版社出版！对此，非常感谢中国服装功勋人物荣誉勋章获得者、中国服装设计师协会著名高级服装设计师李欣教授，于百忙中关注本书并亲自作序；同时，我也将书中内容运用到视觉营销的教学中来，带领学生到品牌卖场授课和实习，取得了很好的实战效果，在此，感谢Tony Jeans 品牌在大连太平洋百货店和大连新玛特店提供卖场的实习、大连大杨集团创世（TRANDS）在其旗舰店提供教学场地。

一名成功的优秀陈列设计师，首先应是一名优秀的陈列规划者和视觉战略专家！此书作为自己两年韩国留学生活的纪念，同时也是我在品牌营销和教学中研究应用视觉营销的新起点！

穆芸

2007年2月1日于大连

目 录

第一章
视觉营销是炼金大师

一、视觉营销表现商品的价值

顾客购买商品不是因为商品定价合适，而是因为顾客能够接受商品的价格。现在是商品过剩的时代，企业间在技术与设计上的竞争更加激烈了。

那么，在这样激烈的竞争中，如果没有可以将顾客吸引到自己卖场的战略，对销售会有相当大的影响。通过分析高销售率的商场，我们发现，它们不仅拥有优秀的商品，还拥有系统传达商品形象的视觉战略。

如何才能让顾客觉得在商品大潮中，自己是以满意的价格购买了所希望的商品呢？如果商品只是在单纯价格上让顾客感到贵的话，顾客就不会去接触。但是如果商品有魅力的话，适当高些的价格也能吸引顾客接受并购买。

奢侈品在严格的管理下维持着昂贵的价格，"因为价格昂贵，所以只有少数人才可以购买"，某品牌战略总监如是说。如果这样的商品降价，会使其消费对象在心理上产生落差，不愿意再去触碰其产品了。

要让顾客接受应该做什么？那就是说服。

在卖场看到过年轻女子停留在某一商品前说："哎呀，这个好可爱！"她分明是被商品策划的战略说服了，并产生了购买的欲望。用强调可爱的商品做演示陈列，把商品的魅力做到让顾客容易接受，并吸引、打动顾客，最终实现购买。

视觉营销（Visual Merchandising，VM）是将商品和有效管理卖场的方法规划为销售战略，使其能够在竞争中占优势的一种视觉性价值表现方法。

为什么卖不出去呢？

真的有信心的商品为什么卖不出去呢？

这是由于售货员知道商品的优点特征而消费者不是很了解。

哦，是吗……

那样的话应该有好的方法吧，比如把商品的优点用大张的纸详细地记下来，顾客就知道了……

如果你是顾客的话，会仔细阅读那上面的广告语吗？在现代生活中，面对竞争压力非常大、生活节奏忙碌的现代人，能有那么长时间看你、听你的商品说明吗？

现在是商品过剩的时代，消费者是利益的选择者。顾客会亲自挑选，经过比较再经细细的询问后才会购买。当然，有时也会是冲动性购买，可是如果不称心就会毫不犹豫地退换。怎样才能让这些聪明的顾客关注并最终做出选择呢？

顾客是因为没有选择到自己满意的商品而导致没有购买。在卖场，能够使商品具有抓住顾客视线的魅力，这就是视觉营销。同样的商品不同的陈列方法，效果会截然不同。富有魅力的陈列与演示也会起到一名优秀销售人员的作用(图 1–1)。

图 1–1
视觉营销表现商品的价值属性

二、视觉营销和陈列

视觉营销和陈列，是韩国使用的VMD(Visual Merchandising and Display)的直译，引用自日本， 而日本学自美国，美国简称VM。

VM是Visual (视觉化) Merchandising (商品企划/战略)的简写，其概念最早在美国体系化成立，含义是将商品的政策和战略变成视觉展现。仔细推敲Merchandising就会发现，它通过对顾客的分析，经过了买入、企划、物流管理、价格设定、促销活动、陈列及销售准备、广告及策划等过程。在这一过程里，首先要从商品企划开始，即研究怎么样把企划的商品向顾客推介的提案，并确定商品展现的战略，即比“把做的东西卖掉”更重要的是“要做卖得出去的东西”。可以说，VM是在企划商品和进货时，提前计划怎样展现给顾客的战略系统。

视觉化商品营销的重要目的之一，是把商品的价值效果最大化，然后通过品牌之间的差异提升销售利润。此外，在视觉化商品营销中，Merchandising 的比率占80%，Visual 占20% ，强调商品的重要性。

视觉陈列(Display)适用于零售业。一个好的卖场陈列对销量的好坏往往起到决定性的作用，为达到易懂、易看、易选且美观的陈列效果，要对消费者心理进行预期设计，构思消费者便利购物及合理入场等陈列操作的技能技巧。

通过看到橱窗模特所演示的服装后，评价其好与不好时，常会用到“陈列”这个词。陈列与视觉营销战略一样，是实现视觉营销的手段，并占据重要的部分。

把视觉营销的目的看作是用创造的商品价值与他人交换来满足他们的欲望时，视觉营销是为了给别人（顾客）带来满足感，以创造商品价值视觉表现的营销战略。

视觉营销基本上与商品信息相关联，换句话说，就是把企业研究及开发商品的部门提供的、非常完整的商品信息清晰地传达给顾客，作为能够让商品和顾客对话的媒介。随着所占比重的提高，视觉陈列也被看作是视觉信息，实现视觉营销战略。

视觉陈列是把商品具有的优点和价值，视觉性地表现给顾客，而顾客购买的不是商品，而是商品所具有的价值感和满足感，所以会产生交换的信息通讯。

我们要铭记：顾客不是单纯地买东西，还包括购买后带给自己的价值和利益。

三、视觉营销与陈列的关系

陈列(Display)，在动物学上指的是动物的求爱表现和威胁表现，在电子领域是指和计算机设计一样的画面表示，其意思有很多种。

Display 一词来自拉丁语 Displio 或 Displicare，是“叠”的意思，是 Plico 或者 Plicare 的反义词；之后表示“展开”“展现”等意思；后来又具有与“说明”“展示”“明示”等一样的词意。

在西方国家的陈列、装饰领域，一般翻译为“展示”；在设计领域，Display的意思是指能够展现商品魅力的工作，是关于美丽、快乐以及有快意感的工作。

Display 也被理解为和 VM 是一样的意思。但是，Display 是以美的观点出发，作为漂亮地展现商品的一种卖场必要的手段。可以说，VM 是把企业所设想的形象具体化，以圆滑的营销活动为手段，把商品企划、进货、销售等所有业务整合起来运作的战略。

在这里要铭记的是：VM比Display重要或是正相反的概念是错误的，视觉领域的Display没做好，就不可能有成功的VM，这和没有栽培好的树是一样的。因为VM中的V（Visual)就是指Display，Visual和Display具有互补的关系（图1–2）。

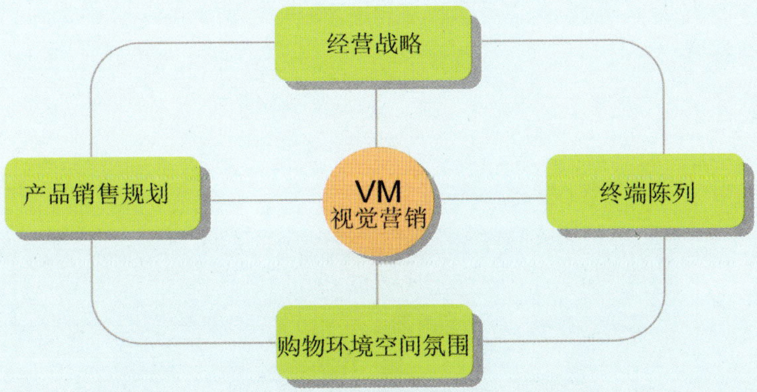

图1–2 VM关联图

四、卖场演示使商品更具说服力

尽管卖场的外观或销售人员的魅力能给顾客很大的吸引力，但首先夺取他们视线的是演示在橱窗或舞台上的商品。尽管销售人员说“欢迎光临，今年流行这样的商品，进来试穿一下吧”引起了你的注意，但是通过演示的商品更能给顾客的心理传达“今年春天流行那样的连衣裙呀，要穿一穿，试一试”的想法。这样的信息交流不仅通过人（销售人员）来实现，更是通过商品的演示才有可能实现。就像复制的无声的转动广告一样，魅力的商品演示，可以于无声中触动顾客的心（图 1–3 、图 1–4 ）。

首先，销售人员应对商品了解后才能为顾客介绍。现在的顾客经常通过网络、TV、杂志等得到很多信息和资讯，所以非常了解什么适合自己。其次，销售人员在卖场要根据时间、地点等情况为顾客建议商品。如果对商品不了解，即使商品很优秀，也不能得到很好地展现。与能够触动顾客内心的、富有魅力的演示一起，销售人员应在卖场以丰富的商品知识迎接客人。

图 1–3
魅力的商品演示，无声地触动顾客的心（英国 Liberty 百货公司）

图 1–4
表现优雅成熟的女性形象，能够让顾客置身其中选择此类商品（英国 Harvey Niloles 百货公司）

五、意味着失败的陈列

如果仔细地观察购物的人，常常会看到一些站在橱窗或展台前露出幸福微笑的顾客。和朋友一起来的顾客对朋友说:“哎，那件是不是很漂亮?简直太漂亮了！我们要不要进去看看?”其实,这样说的顾客心理50%已经被陈列的商品打动了。

决心减肥的女性苦恼晚饭要不要吃的时候，就说明她50%是已经倾向于吃了，不管是谁在旁边轻轻促动一下，她就会吃了。

只有顾客走进了卖场才能被说服，也才能看见商品的说明并试穿。看到陈列的商品就应该让顾客从嘴里不知不觉地说出:“啊!太漂亮了，太帅了，就是我的!正适合我!”“那个太适合我男友了!”“我老公那么穿也会显得很年轻!”这样的话（图1–5）。

陈列，重要的不是商品的数量，而是商品魅力的展现。

逛商场的时候顾客常说:“怎么这没有商品呢?”那么，卖场销售人员就想到“哦，说没有商品……下次要陈列更多……”。其实，这里顾客说的没有商品是没有自己心仪的商品。为了来买一双皮鞋的顾客看着数百双鞋也会说商品太少了，其实那只是说没有适合自己的皮鞋而已。陈列要做的不是把所有的商品都陈列出来，而是把一件商品富有的价值和魅力演示出来，让顾客看中。这样做，鞋子才能成为有魅力的，否则就会成为没有意义的皮鞋而消失在卖场的一角（图1–6）。

图 1–5
仪表堂堂帅气的男性形象，很协调的演示陈列，令观者有："啊，那件衣服要是我男友穿上也会很帅气的呀"的联想和购买欲望（英国 Selfridges 百货公司）

图 1–6
演示在展台上的鞋子，默默地对顾客传递着自身的价值信息（英国 Harrods 百货）

六、顾客是用眼睛在走

到百货公司或者购物中心去的顾客心中都有一种期待，就是用眼睛能够看到满足自己所需所想的物品……通过橱窗、展台和商店内销售重点部分的演示、陈列展现季节流行商品、时装流行趋势、设计主题等，既使顾客的眼睛得到了愉快的享受，也刺激着其消费的欲望（图1–7）。

一提起逛百货商店或购物中心时，很多人首先想到的不是快乐，而是疲惫。那是因为水泄不通的人群和眼花缭乱的商品，还有嘈杂的噪音……在逛街顾客的视线所到之处以优雅或有趣味的演示，给他们带来更多的愉快，这样一来，快乐的顾客停留在卖场的时间也会加长，销售量也会随着顾客停留的时间成比例地上升（图1–8、图1–9）。

演示陈列的时候，不能因为是春天，就把鲜花插到每个地方，那样反而会降低商品的价值。展现季节感时，应充分考虑与商品的主题是否相配，与商品的风格是否协调一致，与背景周边的关系是否融洽，展示是否和谐、连贯，做好充分的准备后才能实施。

图1–7
使顾客感到精美有魅力的橱窗陈列，没有特别艺术的道具，只是将男性着装的不同场合、服装功能的多种装束，用精美的组合形式来展示，其视觉语言潜意识在告诉顾客：不必东奔西走，这里应有尽有（法国巴黎街头橱窗）

图 1–8
在卖场中间形成的 VP（Visual Presentation）演示空间，增强关注性，吸引顾客的视线（韩国乐天百货店）

图 1–9
看到商品的同时，也看到其特定的穿着场合。通过演示，使顾客产生“穿那件衣服，去那个地方”或“我也穿那件衣服，出现在那样的地方”的欲望。提供生活的娱乐信息也会使顾客感到身心愉快（韩国乐天百货店）

七、延长顾客停留的时间

去大型商场、购物中心的时候，要穿运动鞋或休闲鞋，有充沛的体力才能在商场内转来转去。的确，逛街购物是需要一定体力的，这也不是玩笑话。

从一个城市到另一个城市旅游，最舒适、最快速便捷的方法是什么？大部分人会坐飞机、乘高速火车等来回答……

还有一种声音这样回答："和相爱的人一起去"……

温馨愉快的旅行，虽然时间再长、路再长，也觉察不到。以这样的娱乐观念，给进入百货商场或购物中心的顾客们创造愉悦心情，也正是吸引她们（他们）享受购物乐趣的所在（图 1–10 ~ 图 1–13）。

图 1–10

图 1–11

这是以年轻人去休闲娱乐的形象表现出的 VP（Visual Presentation）演示展台，当照明灯和人形模特旋转一定角度后，吸引顾客来看全貌，使商品多了被观看的机会，以提高销售机会（韩国乐天百货店）

图 1–12
鞋子造型的试穿椅子，让远处的顾客也能知道这是品牌鞋子的卖场。很有意思的创意，既是道具装饰，又具有功能性（韩国乐天百货店）

图 1–13
不使用一般的皮鞋道具，把钢铁架挂在竹子上来陈列，刺激顾客们的好奇心，产生那里应该有漂亮鞋子的期待感（韩国乐天百货店）

八、理解顾客感性的需求

单凭商品和服务本身，别说吸引新的顾客，就连维持原来的顾客也很难。随着市场的细分化，消费者的细分化、在品牌忠诚度日趋下降的今天，在竞争激烈的市场环境里，理解顾客的感性要求和热切希望，是视觉营销成功的核心要素。

人们在购买物品时，不是百分百的理性在起作用，感性的一面有着相当大的影响。在判断性能和用途方面是理性思维，而在判断款式、色彩感觉方面则是感性思维。人们根据个性的偏好在商品和品牌中选出自己所需要的，以这个为基础就是感性。

人类的左脑是"理论性"的，会有理性的判断。当消费时，理性左脑会合理地选择价格、质量和效用；而右脑则主管情绪和感觉的一面。通过适合于消费者感性（右脑）或他们的感性所喜欢的信息的刺激，使消费者对商品产生好感，从而得到愉快的消费体验。

感动消费者，达成企业的目标。即通过眼睛看得到的商品的色彩、形态、材料，把眼睛看不到的感性或内在质量形象化，通过这种刺激，引出消费者无意识的反应，再把它联系在提高销售额的策略上。

咖啡卖场要把带有咖啡香的商品陈列在入口处，刺激顾客的嗅觉；消夏用品卖场把能够给予视觉清凉形象的绿色商品进行递增配置，陈列是关键。生活用品、家居卖场也是一样，不能单纯地以家具和餐桌餐具单独陈列。通过演示陈列，给顾客制造感性的生活意境和美好的生活想象（图1–14、图1–15）。

图 1–14
餐具卖场，根据情况和形象，陈列出漂亮的用餐情景，制造美好的用餐氛围，使顾客购物更加愉快，丰富的感性陈列已印在每一位顾客的脑海中（美国 Bloomingdale's 百货店）

图 1–15
家居卖场，营造出温馨舒适的客厅一角，轻松的会客聊天氛围不仅给顾客带来视觉的享受，也展示了每一件家居用品的实际功能（法国 Galeries Lafayette百货公司）

九、给顾客以细微之处的感动

在美国的一家食品卖场，有位顾客边喝饮料边推购物车，不能腾出手来挑选商品，这个细节被卖场工作人员看到后，马上在购物车上安装了放置饮料的位置，结果顾客可以一边喝着咖啡或饮料，一边悠闲地购物，卖场得到了销售额倍增的效果。

当顾客手中物品较多时，帮助其将物品整理到一个购物车中，这样细微的服务使顾客不仅有亲切感，也会对卖场留下很好的印象。在婴幼儿用品卖场，顾客在为孩子挑选商品时，商家如果能够提供照看或跟孩子一块玩的服务，也许比介绍商品说明、罗列商品功能更能够使顾客感到温馨与愉快。

作为商家服务人员，应时刻想着顾客不会光顾那些感觉不到悠闲或温暖的卖场，所以也不要吝惜小小的关爱。陈列的作用之一也是为了带给顾客方便。如果陈列的物品杂乱无章，没有美感，或有灰尘，顾客的心里就会立刻感到不快，对商品的信赖感瞬间即会消失。

管理卖场时，很意外地看到很多卫生状态不良的地方，就应想到卖不出去的原因也许就是这看似简单的问题。不要让顾客感到不在乎的态度，不要只站在卖场里面，要到卖场的外面以顾客的视角来检查整个卖场，看看价格表有没有歪，商品及卖场是否清洁，照明设备有没有很好地把商品的重点映照出来，还要经常检查那些不易看到的地方。

逛街购物的顾客经常会被橱窗的展示或卖场内的VP(Visual Presentation)演示所吸引，驻足，观看，从而引发试穿和购买的欲望。当进入该卖场的时候，却不能很快地发现心仪的那件服装，或许根本在货架上找不到，无奈只有问及销售人员……也许会从其他货架上找到，也许从库房里拿出那件商品（或许还没有熨烫整理），也许直接将人形模特所穿的那件脱下来（人形模特就会裸露在大庭广众之下）……那么，顾客的时间，销售的时间会不会被耽搁呢？顾客试穿的效果又会如何呢？片刻裸露的人形模特是否有损品牌的形象？所以，要想避免这些问题的发生，就需要在陈列的细微之处将服务做到位（图1–16）。

图 1–16(a)

图 1–16 (b)
在橱窗里看到漂亮的陈列商品，进到卖场里的顾客想很快找到那个商品。如果不能很快找到，顾客会失望或者产生焦虑心理，应该在橱窗陈列旁边或就在橱窗那陈列货品。让顾客容易找到橱窗演示的商品，目的就是为了顾客在第一时间看到、触摸，并引发试穿，最终购买(韩国乐天百货)

十、生活方式的提案

打开电视，在一些购物频道或广告中，常常能够看到既漂亮又帅气的电视导购员正在特别仔细地说明商品的使用方法和效果。听了他们的话就觉得自己真的会变漂亮、健康，会变成特时髦的人。不仅如此，网络购物也只是坐在计算机前，只要点击一下，就能把最便宜的商品做详细比较后实现购买。

现在的社会，随着科技和网络的发展，不去商场也能很容易地购买到所需商品，但为什么人们还是要去百货商场、购物中心呢?为什么还会特意来到卖场呢?那是因为卖场能够满足顾客的期待，不仅给顾客提供物质需求，也满足一种精神“梦想”。

卖场要考虑提供给顾客无限的兴趣和有梦想的生活方式(Life Style)。它一般指个人行为(Activity)、关心(Interest)、主张(Opinion)，即AIO。

常常造访商场的消费者主要关心的领域是什么？观察他们会有怎样的活动、文化生活、兴趣爱好，在商场内为顾客再现他们生活的一部分，顾客像在电影中某个场景中一样认识自己生活的一部分并被同化，想象置身其中的自己，享受着精神上和心理上的愉悦。

为了这个目的，应当怎样具体地演示陈列才好呢?

如果成本费用和地方空间允许的话，可以进行同纽约第五大道橱窗一样的艺术性陈列。这虽然好，但在一般商店卖场中使之实现，实在很难。不如导入与商品形象相结合的影像、道具看看吧：安装联想生活方式的影像物和音响系统，兼任宣传；充分利用道具做情景性的艺术再现，即使顾客在挑选商品时，感官也能得到充分的愉悦，这就需要加强能够满足感官的演示陈列（图1–17、图1–18）。

图 1–17
这是一个户外服装用品的卖场。在岩壁后侧的暗壁流下来的水柱，给人以清凉感的同时，使顾客产生背起行囊登山或者前往溪涧的冲动（韩国乐天百货店）

图 1–18
巧妙的道具衬托服装功能的陈列演示，生动逼真地再现与家人、朋友一起在野外烧烤，围做在餐桌边谈笑风生的美好生活情景，使顾客会心地微笑，让心情充满了愉悦感（韩国乐天百货店）

十二、卖场为顾客而存在

下列的照片（图 1–19 ~ 图 1–21）是谁的卖场？顾客们是都能看到、感觉到并做出评价的。这样的卖场等于是自己放弃了价值和自尊。

在这种情况下要谈服务为时尚早，应主动了解消费者真正的希望是什么。就算已经了解，但在并没有及时改正的情况下来强调服务，服务的质量再高也不能在消费者心中打满分。

现在服务水准高的百货商店已是消费与娱乐相兼容的场所，也是最能体现高质量服务的地方。如同酒店，有超五星级的服务标准。以那样的水准，就有必要从经营战略的角度，去重新认识、重新审核什么才是顾客真正需要的服务。

要铭记：商品不是属于卖场的，卖场只是暂时保管着顾客的东西。

图 1–19
衣架下，包在袋子里随意放置的商品，给人一种杂乱破败的感觉

图 1–20
因为互相夹住，顾客不仅不能用手将陈列架上的服装轻松地拿出，并还要费劲地再放回去。购物是给予顾客愉快而不是痛苦的感受

图 1–21
卖场就是为顾客服务的空间。常常有把私人的照片或流行玩具等放在卖场的情况，与自身的品牌形象不相符。现在巡视一下卖场，立即清理掉吧

第二章
表现商品价值的视觉技法

一、视觉营销的基本要素

1. 视觉营销的基本要素

百货商场、购物中心或专卖店中陈列着同类商品的品牌，但是在众多的品牌中，总会有特别吸引顾客视线的卖场。那么，它们吸引顾客视线的理由是什么呢?

在众多因素中，最重要的应该是将卖场的主题，通过VM战略，以最快捷、最容易的方法传达给顾客。

那么，想做好VM，商家应该知道些什么呢?

首先要知道的基本要素是构成卖场的三大空间。

(1) 演示空间(Visual Presentation，VP)

在商场内，仔细观察卖场的结构，顾客视线最先达到的地方是橱窗或演示展台，这样的地方被称为演示空间(Visual Presentation，VP)。VP是表现商店主题、流行趋势、季节变换的空间，是把商店或卖场的政策和商品战略传达给顾客的空间，所以要明确表达主题，让顾客认同。VP是主题表现比演示技巧更为重要的空间，其涵盖品牌特征、企业文化时尚理念、流行趋势等内容。

VP的作用是诱导和说服顾客购买，所以要在店内重要地点设置。空间的选择应以表现整体形象为基础，做整体协调性的演示比独立的演示起到的效果更好。在选择演示的商品时，应以流行趋势强、利润高、色彩度高、能够强调季节性的商品为宜，不要以卖场管理者个人的喜好进行挑选，而是配合目标顾客的性格爱好，根据计划做演示陈列。

VP以“商店的脸”向顾客提议着某种生活方式，执行并传达随着季节变化的卖场信息，具有视觉传达的作用，达到把顾客吸引到卖场的目的。

(2) 展示空间 (Point of sale Presentation，PP)

顾客来到卖场后，能够让其视线在卖场停留更长的时间，从而达到销售联系作用的地方就是展示空间 (Point of sale Presentation，PP)。

PP是“商店内部角落的脸”，是协调和促进相关销售的有魅力的空间，是商品陈列计划的重点，起到引导销售的作用。所以，陈列的商品要成为主体，位置应在顾客视线自然落到的地方，如墙面上段的中心部分、货架上、隔板上，通常是正挂（Face out:展现商品正面的技法）的空间表现形式。

展示的原则是把商品就近陈列，容易达到销售目的。例如顾客看到一种调和的粉色很满意，但是又想看看其他颜色的同款商品时，自然会在附近陈列的商品中找，所以，最好是把款式、颜色和特征相似的商品组织调整在一起为好。当然，也要根据商品的实际色彩、款式来具体把握。

在PP里组合多件展示商品，利用的是空间构成的原理。如三角构成、反复构成、曲线构成等。一般常用的是能够给顾客心理带来安定感的三角构成，也是在卖场陈列中最容易实施的方法之一。

PP不足或没有PP卖场与有PP卖场的差异很大。没有商品的展示只有商品的陈列，卖场就很单调、很无趣。这样的卖场很难抓住顾客的视线，也很难达成销售。

(3) 陈列空间(Item Presentation，IP)

VP吸引顾客的视线，诱导他们走入卖场；PP是再一次确认，进行连动性消费联想；陈列空间(Item Presentation，IP)是达到销售的最终目的。IP占据了商场的大部分，因此根据这一部分的整理陈列，对组成卖场氛围具有非常大的影响，其作用并不弱于VP或PP，也是非常重要的部分。VM不能只停留在橱窗，因为VP和PP是IP的视觉手段。

为了有效地做好IP，应该把商品分散，提议有规划的整理和组合。为此，应该拥有充分的商品知识。为了让商品容易进入到顾客的视野，应以品类陈列和颜色陈列为主。品类陈列就是按照商品所属的种类进行陈列，如上衣和上衣一起，裤子和裤子一起，夹克和夹克一起，裙子和裙子一起，等等。这种陈列方法具有能够让找裙子的顾客，一次就能看到许多种裙子的便利性。颜色陈列是不管商品的分类(如上衣、夹克或裙子)，而是按同色系或规划好的色彩系列将商品陈列在衣架上的方法。

顾客一般都有自己特定喜欢的颜色，所以，一到卖场，就会先往自己喜欢的颜色方向走去。曾经有一位特别喜欢紫色的女大学生被电视报道，她的衣柜里全部被款式不同的紫色衣服充斥着。很有意思的一个新闻，说明了人们对颜色的喜好和倾向。

虽然卖场有十种以上甚至更多的颜色，顾客总会表现出在自己喜欢的一两种颜色群中看商品的倾向。现在的很多服装品牌喜欢颜色陈列更胜于品类的陈列。可以说，颜色陈列方法比品类陈列方法更有效。

随着顾客的需求越来越多样化，服装商品的品类也更多样化。但是，毕竟卖场内的空间有限，所以为了可以让顾客看更多的商品，卖场中的商品常常挂满整个衣架，这种没有策略性的陈列，导致卖场像个仓库。

如果顾客在百货商店、卖场购物时感到太嘈杂、太累，就会减少来的次数。让顾客觉得累的原因之一就是挂得太多的商品。想购一件心仪的T恤，所以想看看衣架上的商品，但是如果陈列的太多，看着不方便，顾客的脚步就会迈向其他卖场，也会给顾客留有不好的印象，使其取消再到这里来看看的打算。

管理陈列卖场时与销售人员碰撞最多的就是这些问题。销售人员想把所有的商品类别全都展现出来，但是在卖场，顾客并不是十分在乎商品是否全部展现。即便全部都挂了出来，顾客也不会对这样的卖场留下深刻印象，也许还是不能满足他们（她们）的需求。那么，卖场应如何做呢?

这周最想展现的是什么？这个季节流行的商品是什么？正确掌握季节

感和顾客的爱好，进行有规划的陈列才是最重要的。有很多时候怀着或许能卖出去的期待，把过季的或过时的商品一并留在卖场，其实适得其反。应该突出那些应季主打商品、有魅力的商品和价值感高的商品，而尽快把那些过时的商品收起来或统一放到特卖场中去，才是正确有效的方法。

为了实行 VM，理解 VP、PP、IP 在各个位置中不同的技巧和作用是非常重要的。协调展示才能吸引顾客的视线，才能成为跟销售连接起来的有效卖场（图 2–1）。

视觉营销	VM	商品也是商店的形象，视觉效果呈现出销售战略
	॥	
销售视觉情景表达	VP	店内风格和主打产品为顾客表现出该品牌的主题（通过橱窗、中心舞台）
	+	
销售的卖点	PP	表明IP商品的特点卖点，促进销售的多空间展示（墙面上段部分，道具种类和货架的上方）
	+	
销售项目类别	IP	多样化种类的商品容易看到拿到并容易选择，是整理分类陈列的项目空间（店内货价等）

图 2–1
VM 基本用语及作用

2. 视觉营销基本要素的功能和作用

通过以下实例图片来进一步了解三大空间的功能和作用吧。

(1) 演示空间 (Visual Presentation，VP)

VP的位置十分重要，是将商品企划，以顾客的视线最先接触的橱窗或展台做出视觉性的展现，起到提高商店和商品形象的作用。VP是商店经营战略的表现，所以应有计划地、系统地管理和运营。并且VP能把商店的政策和商品计划基本构成的VM主题的总体形象，通过卖场这个媒介传达给顾客，以得到每一位顾客的认同，所以更要重视主题表现而不是陈列技巧。

因为VP是展现总体形象的地方，所以要留意卖场整体的协调性。VP的重要作用是诱导顾客并使其停留，所以要在卖场的重要地点设置并运营(图2–2～图2–5)。

图2–2
为了有效地构成宽广的卖场，就要在适当的地点运营VP，有效地运用VP，使宽敞的空间井然有序地构成，是一个吸引顾客视线的卖场(韩国DAKS店)

图 2–3
(美国 LORD&TAYLOR 百货店)

图 2–4
在厨房餐具的卖场，以能够展现整体商品形象的 VP 餐桌系列，提供单个商品的使用方法和价值等信息(美国 Bloomingdale's 百货店)

图 2–5
将 VP 展台设置在顾客往来最频繁的主要路线上，展现卖场的主题品牌形象(韩国乐天百货店)

(2) 展示空间 (Point of sale Presentation，PP)

PP是卖场内部的脸，把商品的信息整合视觉演示，是魅力般地协调促进相关销售的重要空间。PP位置应选在沿着通路走的顾客的视线不自觉落到的地方。如图2-5所示，如墙面上段的中心部分，如果移动路线是长直线时，约间隔3~4米做一组演示比较有效。

PP与VP不同的是能够变更位置，在销售旺季或换季时，商品和道具配置可以交替组合，根据不同的情况随时变换着演示。PP的主要作用是按照商品陈列计划的重点诱导销售，所以选择陈列在IP的商品上展示才能吸引顾客的视线。同时，提高VP的整体形象和IP的单个商品形象，最终达到销售目的，使PP中的战略得以展现。PP展示不能根据个人的喜好，要有明确的展现目的，按着计划进行，即要有明确的品类、材质、款式、色彩或者是就某一项强调的展现(图2-6～图2-8)。

图2-6
(韩国DAKS店)

图 2–7
PP 起着传达 IP 陈列商品信息的作用，所以要选择 IP 的商品，设计 PP 展示让顾客从远处就能得到商品信息(韩国乐天百货店)

图 2–8
比起VP，给予PP更为视觉性的重点，很自然地向内侧诱导顾客的视线。PP表现的目的要明确，且要按着计划进行(韩国乐天百货店)

(3) 陈列空间 (Item Presentation，IP)

IP 的位置是使用展台、高柜、货柜、货架、衣架等，让商品容易进入到顾客的视野而分类出来的空间，达成实际销售的地方是IP的部分，占据卖场面积大部分的也是 IP。

随着 IP 的整理，卖场氛围也会有很大的不同，不亚于 VP 或 PP，视觉性的比例也很大。在IP中要把展示在PP的相关商品，分类整理成易懂、易选、易买，把数量、尺寸、颜色等状况表现出来，陈列成顾客能够直接拿出来的商品。

VP须首先让顾客感到有兴趣，然后吸引其走进卖场，PP 是传达使用方法或搭配组合等信息，IP是让顾客容易挑选对比，达到销售。科学合理的陈列具有十分重要的地位。达到实际销售的IP，较橱窗或舞台演示(VP)占更多的比例(图 2–9 ~ 图 2–11)。

图 2–9
IP 要站在顾客的立场，使商品陈列一目了然，色彩陈列井然有序(韩国乐天百货店)

图 2-10
(法国 Galeries Lafayette
百货公司)

图 2-11
IP 是使顾客容易挑选并达到销售的地方，要把数量、尺寸、色彩等状况表现出来，陈列成顾客能够直接拿出来的商品
(法国Galeries Lafayette
百货公司)

二、陈列要怎样进行

经调查有30%走进卖场的顾客，心中是有一定目标的，如商品的颜色、设计、长度、价格及品牌等。陈列的首要任务是为10位顾客中的7位顾客展现、演示漂亮的商品。购买商品的顾客停留在卖场的时间是没有购买商品顾客的2～3倍，也就是说停留在卖场的时间越长，其购买率就会越高。

顾客到卖场的目的是来买东西。所以，卖场不仅要提供多种演示和展示，还要具有感染力，从而抓住顾客的心。

成为有魅力的演示，先要刺激顾客的想象力，顾客购买的不仅仅是单纯的物品，还有感性。看着在橱窗里演示的蓝色连衣裙，女人就会瞬间联想到今年夏天去哪度假，穿着这条裙子，站在广阔的海边自己模特般的样子。一同演示的宽边白色帽子和舒服的凉拖鞋，还有和自己衣柜里的外套，整体搭配协调的形象，也会在脑海中像胶片一样闪过。

魅力的演示能够刺激顾客的感性，灌输商品的信息，在展现商品价值的同时描绘着一种生活方式，使顾客更进一步被吸引进卖场，即让顾客产生“那东西的主人，就是‘我’”的想法。有效的演示应具备下列条件。

1. 陈列的条件

(1) Who——卖给谁

商品将卖给男人或者女人或年轻人或上年纪的人……根据顾客的年龄，确定商品将要销售给有着什么样想法的人，他们的兴趣和爱好是什么？即我们商店主要的消费者是谁，并根据他们的生活方式等，选定目标顾客。

(2) What——卖什么

了解今年流行的商品是什么，掌握商品的特征和使用方法，以确信的形象给顾客做提案演示。

(3) When ——在什么时候展现

选定销售旺季，做商品的生活周期分析，能够适时地给顾客展现他们所希望拥有的商品。

(4) Where ——在什么地方展现

橱窗、VP 展台、PP、壁面上端、桌子上、PP 衣架、货架等，或是研究商店内的位置，考虑顾客的视线和走动路线，使商品能够用相互一贯性的连接来展现。

(5) How ——怎么样表现

销售促销方法包括各种装束的演示、三角构成、射线构成等各种各样的演示方法和陈列活动等。

2. 陈列构成

商品是有生命的，不管用什么形态或方法，都要展现成有生动感的样子。商品会变成有生命的，也会变成失去生命的商品。展示及陈列的构成方法有很多，须按照商品的种类、道具器皿的形态、演示的位置等选择适当的方法，并在能够吸引顾客视线的场所做重点来演示和展示。

(1) 三角构成

三角形具有不被动摇的平衡性，给人以安定感。三角构成给予顾客最稳定的视觉感，从销售的角度看也是比较方便的构成形态，在造型上可维持完美的均衡。三角形所有射线的方向性，也是诱导视线的要素之一，主要用于销售重点部分。重复的三角形是较大规模的展台或橱窗演示的构成形态，是使用最广泛的构成方法（图2–12 ~ 图2–14）。

图2-12
三角形具有射线的方向性，是诱导视线的要素之一(韩国乐天百货店)

图2-13
一个一个的商品演示群，整体上也要维持三角形，演示才能有稳定感

图 2–14
当构成为许多三角形时，中心的三角形构成为最大，旁边的三角形宜小些

(2) 三角构成的应用（图 2–15）

① 等腰三角形

等腰三角形左右对称，具有完全的均衡和稳定感。其中，钝角等腰三角形温顺严肃，形象沉重，特别适合高档商品的陈列。锐角等腰三角形锐利，具有动感刺激性。

② 不等边三角形

不等边三角形的最高交点长的一边具有缓和的动感和流线感，陈列服饰商品(围巾、领带、围巾)的时候使用得最多，应用范围最宽广。

③ 倒三角形

倒三角形具有刺激性，容易产生不安定感，适合艺术性展示，但是不适合商店陈列。

④　三角形的组合

三角形的组合适合陈列空间较大(相对于商品而言)，且商品数量较多的时候使用，大大小小的、各个种类的三角形尽量收集齐全，应用最多的是集中观看的陈列法。

⑤　三角形的反复

同一模式的反复，规则性强，给人以轻松的形象。在使用三角形的反复陈列时，偶数的反复较奇数的反复节奏感更强。

图2-15

三角形构成的应用

(3) 格子构成

格子构成混合了垂直和平行的结构，可形成更多样的、适合单一商品或与相关商品的组合构成。此外，由于平行和垂直相交点成为构成的中心，适合包、鞋及珠宝首饰等服饰配件商品的陈列（图 2–16）。

图 2–16

(4) 曲线构成

曲线是按一定条件运动的动点的轨迹，表现活动、变化、节奏。

曲线变化多端，比如圆、面的组合构成等可表现优美的流线及柔和的陈列气氛。多用于橱窗背景等（图 2–17）。

图 2–17

(5) 斜线构成

与秩序整齐的水平、垂直构成相比，斜线多了生动感和速度感。形态上容易引起视觉疲劳，多用于制造气氛的主题演示陈列（图 2–18）。

图 2–18

(6) 放射线构成

放射线构成使商品具有量感，各种各样的款式、模式、颜色等结构的活用，形成有造型的趣味形象（图 2–19、图 2–20）。

图 2–19
使用放射线构成，给人以穿着拖鞋往外走一样的形象，是多种色彩的趣味展现

图 2–20
直线的形象给人很呆板端正的感觉，曲线或放射线构成陈列比直线陈列更新鲜（英国 Harrods 百货公司）

(7) 反复构成

反复出现的相似陈列，目的是增强记忆，留下深刻的印象。人形模特的重复或者色彩的重复，充满节奏和韵律感，并给人以强势的形象，是能长时间留在记忆深处的一种构成方法。一般活用于小型橱窗连接的地方或墙面，VP、PP 等空间的构成。

小时候老师曾说过，先预习，再在课堂上认真听讲，然后再复习，知识就会完全属于自己。逛了许多卖场，看了许多商品的顾客，最后记忆最深的就是反复看过的色彩模式，或者是人形模特反复的动作等。

顾客自然会再回到长时间流下残余记忆的卖场。其中，记忆最深的是色彩的反复(图 2–21 ~ 图 2–23)。

图 2–21
同样姿势的人形模特，帽子的反复结构从很远就能引人注目，吸引视线(韩国乐天百货店)

图 2–22
相同姿势的反复和不同款式相同色彩的泳衣，吸引着顾客的视线（美国Macy's 百货店）

图 2–23
如果这个季节卖场想要重点销售夹克，那么就尝试一下这样的陈列吧。白色裤子和重点展现的不同款式的绿色夹克，会让顾客留下很深的记忆(韩国乐天百货店)

三、陈列要怎样去做

实际上，能够让顾客选择、抚摸并达成销售的地方就是陈列的商品空间。所以，很多卖场都在店内营造美的环境，同时更加关注对商品的陈列。

把商品堆在卖场，将款式、材质、价格等自身价值原封不动地展现给顾客，是远远不够的。卖场不同于仓库，应该是一个方便销售、方便购买的地方。所以，陈列需要"方便观看""从舒服的角度去触摸""方便选择"等丰富的感觉要素。观察顾客购买行为时会发现，在陈列空间中的购买行为较为突出，所以陈列要具备上述的要素。

卖场有必要给购物累了、视觉出现审美疲劳的顾客以"空白的美"，通过这样的服务，提高对卖场的亲和力，也可缓解在密不透风的商品中压迫的购买力，具有重新活跃起来的清凉剂的作用。陈列商品量的多样性，会左右顾客的购买行为，给顾客视觉上或心理上造成很大的影响。

1. 陈列的基础原则

(1) 整洁

一尘不染的商品、熨烫的没有一丝皱褶的服装，是提高商品价值最好的方法，能够让顾客赏心悦目地购物是陈列最基本的原则。

(2) 容易看到

能够让顾客了解商品的特点、构成，知道是否有喜欢的商品和什么是好的，能够与更好的商品做比较，如果没有这种容易看到的陈列，就不会引发购买行为。顾客希望在最短的时间内找到所喜欢的商品，卖场的商品要陈列得一眼就能够掌握整个状态。

(3) 容易触摸

如果顾客没有用手拿起商品确认，没有用手去体验其质感，就不容易达成销售。在"购买＝接触"的原则下，触摸是最基本的。商品陈列的过多会给购物带来不便，陈列的过少，会给顾客造成库存不足或是剩余商品的感觉，导致顾客不会去触摸，更不会产生购买的欲望。

(4) 便利

陈列须根据品类、品种分类展示，并醒目标识，使顾客不必问销售人员也能一目了然。

(5) 控制成本

不要在陈列上浪费过多的时间和人力。

(6) 令人兴奋激动

陈列应有丰富的层次，明确的“主题性(情人节、圣诞节)和季节性”，具有刺激和感染力，令人过目不忘。

2. 垂直陈列

现在，走在繁华的大街上，很少能碰到和自己穿一模一样衣服的人，这说明顾客喜好的风格多元化，使款式设计也变得多种多样。多款少量是时装制造业的经营策略之一。制造业已从大量生产同样商品的模式转变为多品种小批量的生产模式。原来以产代销的市场已变化为以销定产，根据消费者的需求来设计生产商品。随着人们着装的个性化和混搭风格的蔓延，卖场也要相应地展现这些成倍生长的商品。可问题是，商品种类多了，款式多了，色彩多了，但卖场却没有成比例地变宽、变大。和卖场的面积相比，展现的商品太多不仅对顾客挑选商品带来不便，也会增加销售人员对货品管理的难度。

垂直陈列是解决这些问题的方案之一。在同一个展示空间，垂直陈列能展现更多的品类或更多的款式，并且在有限的距离内就能展现品类的多样性(图 2–24 ~ 图 2–26)。

图2-24
手袋的垂直
陈列

图 2-25
陈列很多商品也不会觉得复杂，按照色彩垂直陈列是一个不错的方法(韩国乐天百货店)

图 2-26
橘色、白色、浅绿色的顺序垂直陈列，是可以知道商品的不同点、也可以一眼就看出商品构成的漂亮陈列(韩国乐大百货店)

3. 水平陈列

商品陈列时多喜欢采用垂直陈列。但是，同品类商品只是款式或功能稍有不同时，水平陈列更有效果。

先区分同品类，然后在顾客进入的重要路线，按照大小，从左到右由上到下陈列。注意，应把同品类的商品在同一个货架上水平陈列。如果一个货架上有多个品类，既不便于顾客挑选，也不便于商品的管理。

同一类型的商品，就要集中在一个货架上展现，不同类的商品放在一起，它的专业性会下降。所以，集中展现同品类不同款式，提高其专业性的陈列更为有效(图 2–27、图 2–28)。

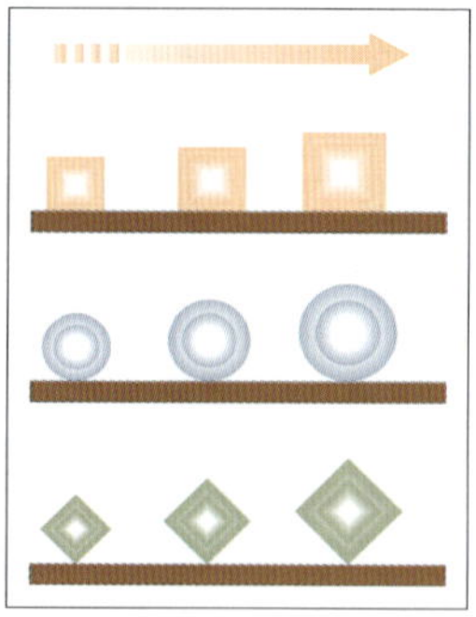

图 2–27
（英国Selfridges 百货公司）

图 2–28
把同品类商品集合在一起垂直陈列，不同品类商品水平陈列，自然会诱导着人们的视线(韩国乐天百货店)

4. 混杂陈列

旧货市场的魅力之一是其具有“亲切感”，不同于整齐的百货商店或专卖店等，多少有些杂乱的样子会使人感到平和。如同对所有方面都完美的人没有人类美的感觉一样，卖场要是太完美，顾客就不会轻易触碰商品，越是大品牌越会高高在上，使人产生距离感。把整齐叠放在货架上的毛衣稍稍斜放，把摆放整齐的香皂故意抽调两块的人才是专业的。

陈列中有一种叫混杂陈列，混杂的原意是把鸡蛋、奶酪和牛奶等混杂在一起拌匀后做出食品。偶尔也可以将服装、生活用品等混放在促销花车上，做促销服务(图 2–29、图 2–30)。

图 2–29
(法国 Galeries Lafayette 百货公司)

图 2–30
这样的陈列方法能够给顾客一种更容易接近的亲切形象(法国巴黎Printemps百货公司)

5. 分组陈列

分组在商品陈列构成中经常使用，是将同一商品、类似商品、关联性大的商品分别组成一组或一个集团的手段。根据其统合方法、分类方法、组合方法、构成方法的不同，分组后商品的印象也有很大不同。例如把同款式的商品集中在一起可以强调色彩和花样，把类似色彩的商品集中在一起时，可以突出款式或外观。

所有的组合都有可能。所以商品分组陈列时，应充分利用场所条件和环境。也就是说商店开展分组陈列，不是为了使顾客冲动购物，而是为了目的购物开展相关销售，把互相关联的商品集中在一起的陈列。

分组是所有商品陈列的基本形式，首先要把同类商品集中在一起，然后根据商品的色彩、形态、尺寸等要素进行分组。例如，打折时应按照尺寸分组才会成为挑选容易的卖场(图 2–31、图 2–32)。

图 2–31
明确地区分组合陈列，能够在相同的色彩里看到不同款式的所有商品，方便顾客购物(韩国乐天百货店)

图 2–32
把所有与 Hello Kette 相关的商品组合成一组陈列，这样的陈列会提高相关销售率(韩国乐天百货店)

6. 尺寸配置陈列

同样色彩或款式的商品或包装商品，尺寸是调整陈列的基本依据。所以，想要给顾客提供一个方便挑选的卖场，按照尺寸陈列更为有效，不仅对整理卖场有所帮助，也是补充店内商品和库存管理的基准。按尺寸陈列的基本要素是面向商品从左到右、从前到后、从上到下、从小到大依序排列。但是上了年纪或胖人多的卖场最好把大号放在上面，如果大号放在下面，顾客就要蹲下来看商品，会觉得不方便。不要无条件地遵守陈列的原则，而是要考虑目标顾客的身体条件或实际状况，因地制宜，使用合理的陈列构思(图 2–33 ~ 图 2–35)。

图 2–33
将同款式的凉鞋水平方向以不同颜色、垂直方向以不同号码陈列，更方便挑选(韩国乐大百货店)

图 2–34
给顾客提供一个方便挑选的卖场(英国 Liberty 百货公司)

图 2–35
讲究上、下装及男、女装的混搭技巧，这样一眼就看到什么品类陈列在什么地方，也能很容易找到所需的商品(英国 Harrods 百货公司)

7. 正挂陈列

正挂陈列是能够在正面看到商品全面的陈列方法，可一眼看到款式的长处。是在衣架上陈列商品时，将想要突出的商品与相关商品相结合，挂在最前面的一种陈列技法(图 2–36 ~ 图 2–38)。

图 2–36
把相同板型的西服上衣正面展示与侧面展示协调地结合陈列在一起(韩国乐天百货店)

图 2–37
将挂在衣架上的外套、衬衣、长裤等品类组合协调后，以全貌的状态正挂展现的陈列(法国 Galeries Lafayette 百货公司)

图 2-38(a)　陈列前
在又直又长的衣架上持续陈列商品，会有种沉闷的感觉。这时，可以在中心部分做正挂陈列展示。但是，如果正挂的商品与周边的商品完全没有相关性，也不能很好地表现用正挂传达的形象

图 2-38(b)　陈列后
在卖场以正挂来陈列商品时，要在正挂的商品旁边陈列与其相呼应的商品，才能传达给顾客正确的商品信息和价值，还能节省顾客的时间

8. 侧挂陈列

侧挂陈列不能看见服装商品的全部面貌，只能看到很多袖子，由于每件服装相距较近，所以能够陈列的商品数量很多。

最常用的是在同一货架上同时展现正挂和侧挂的陈列方法，将色彩或款式有统一性的商品与正挂陈列的商品协调组合后一起出样陈列，同时为顾客提供搭配的技巧和品牌风貌，可让顾客看时愉快舒服，挑选时便利快捷(图 2–39，图 2–40)。

图 2–39
（韩国乐天百货店）

图 2-40(a)　陈列前
侧挂的商品，款式或色彩没有统一性地搭配在一起，看起来很乱

图 2-40(b)　陈列后
侧挂衣架的商品，要挂的是与前面陈列的商品同色系不同款式，或同款式不同尺寸的商品，让顾客从入口处看到陈列的商品后，直接在后面就能摸到，这样才能诱导顾客进到卖场里面

9. 折叠陈列

折叠摆放是陈列基本形式之一。主要采用在货品架或桌子上做“票据型”陈列，能够陈列大量的商品。缺点是只能看到款式和色彩的局部。此时，可以选择挂式展现和折叠展现组合的货架，使顾客能够直接在折叠陈列的商品附近看到挂着的同类商品(图 2–41 ~ 图 2–43)。

图 2–41
尽量不要在一个货架上陈列三种以上颜色的商品。相协调的三种色彩，可给顾客视觉上的愉悦享受(韩国乐天百货店)

图 2–42
把陈列在前边衣架上的商品在后边的货架上整理叠放，能够连接成相同的颜色群，把顾客的视线吸引到里面。这时图案、色彩垂直陈列，就能达到使商品更有魅力的效果

图 2–43
按照尺寸折叠商品的陈列，有整齐舒适的视觉效果

四、魅力十足的橱窗陈列

橱窗是商场、购物中心的门面，可表现店家的风格。橱窗首先应该有故事，把在当今时期需要的商品信息、流行趋势传达给顾客，不仅如此，还不能漏掉带来乐趣、快乐的娱乐因素和作为城市街头风景出现的美感。

橱窗就像电影的预告片。不同的商场有着自身不同的卖点，也就是其顾客层的定位不同，决定着商场、购物中心的档次定位的不同。为此，店家须通过市场调查，了解商场或购物中心的目标顾客层的爱好和生活方式，搜集了大量信息后，再通过部门会议分析这些信息是否与商店追求的形象相结合，然后规划整合并筛选，决定出几个多样并独特性的创意，再在其中决定实施的方案，还要仔细检验实施的可能性后再去设置制作，表现不同季节或是节日活动的橱窗设计制作，是商场非常重要的策划项目之一。

人们通过观赏橱窗，可做自己人生的梦，还可得到很多信息，带动潜意识的消费和对美好生活愿景的向往。具有文化内涵、赏心悦目的橱窗是表现这个时代人们生活和文化的镜子。

橱窗有全封闭式橱窗、半通透式橱窗和通透式橱窗三种布局形式(图2–44～图2–46)。要根据商店或卖场的性质来规划设计。

图2–44
英国BURBERBY店2006年秋橱窗，大量的带有其品牌特征的雨伞，似乎在告诉行人，这是个多雾多雨的季节(半通透式橱窗)

图 2-45
这样的橱窗，如同一幅视觉大餐，诱惑你不得不停留住脚步，如此美食美色，怎能不进去满足胃的需求呢？(法国巴黎街头店通透式橱窗)

图 2-46
结合儿童的性格特征，具有独特趣味和动感的橱窗(法国 GAP 全封闭式橱窗)

五、单调墙面上的焦点陈列

现在看一下自己卖场的墙面，有没有成为库存呢？或者是不是太空荡荡了呢？是不是用做其他工作空间了呢？为了提高卖场的销售率，首先要提高墙面的销售率。特别是长而宽的墙面，应给予多样的变化，避免看上去单调，狭长的墙面需要用差别化的展示空间来丰富。

为了不造成沉闷的感觉，可使用同一构成法，做间隔3～4米的演示陈列，用面积感给以变化。例如，用米色系商品持续性构成的演示，其中央应以显眼的色彩构成吸引顾客。单调的墙面，可用这种方式制造焦点，抓住顾客的视线。现在很多百货商店千篇一律地把两个人形模特立在卖场入口，既沉闷又难以使顾客产生兴趣。

如图2–47所示，把人形模特悬挂于玻璃幕墙的背景前，以高视点来诱发顾客的兴趣，使顾客在很远的地方就可以看见并被吸引而接近卖场(图2–48、图2–49)。

图2–47
（美国纽约Nordstrom百货公司）

图 2-48
在单调的墙面上把人形模特调高，使顾客从远处也能很容易地找到自己喜欢的商品。还在中央给以重点的陈列，在两边的墙面用同一构成法反复演示，以色彩给以变化，有效地利用了卖场的墙面(美国 CK 店)

图 2-49
丝袜的卖场，前面没有单独的 VP 空间，只有在靠墙的高柜上做焦点展示，下面则陈列同一商品，一一对应，方便顾客挑选(韩国乐天百货店)

六、强烈印象的重复陈列

在路上有位军人走过，人们看到了就会自然想到“哦，一名军人走过去了”。但是如果有三十多位军人走过，就会有“哦，在训练或者出了什么事吗？”的想法。因为，军人穿的军服是同样的色彩、同样的设计，脸上也是同样的表情。也就是说反复的印象非常强烈，就会长时间留在顾客的记忆里。如果想留下很强的印象，那么至少也要用三个以上的同样姿势的人形模特，演示陈列同色、同款的商品，表现反复陈列的印象。

图 2–50 中的重复人形模特的姿态很美，如果在服装上再表现出一种更强的色彩或花样的反复，就会形成更有魅力和趣味的橱窗了(图 2–51、图 2–52)。

图 2–50
(英国 LIBERTY 百货公司)

图2–51
不仅是相同姿势的反复，还有相同色彩的反复(美国MACY'S百货)

图2–52
专门的牛仔卖场。所有的人形模特都穿着牛仔服装，上身穿着统一无袖T恤，如果7个人形模特穿的上衣是不同的款式，注目率也会下降很多。在整体构成上超过三种以上颜色会使集中力下降，所以最好不要超过三种颜色(美国MACY'S百货)

为了节省顾客时间的服务

七、

看到橱窗或VP展台上的商品，充满着期待进入卖场里并希望快点见到商品，这是顾客的普遍购物心理。既然这样，商场就要用心地陈列和配置商品，使顾客能够很容易地找到自己喜欢的商品。

把陈列在橱窗或VP里的商品放在什么地方会最有效呢？虽然每个卖场的橱窗VP位置或货架的状况有所不同，但挂在与橱窗最近的衣架是最有效的。在卖场，这个商品也想展示，那个商品也想展示，那样就不能很好地传达给顾客卖场的主题、理念或主力商品。橱窗里是粉色的风衣，那么衣架上应该先挂出粉色上衣，顾客就会受到“今年的流行色是粉色，我也买一件”的感性刺激。

商店内也一样，应在货架下面就能找到同样在货架上陈列展示的商品。看了陈列的产品后，视觉上得到购买刺激的顾客，在下面货架上用手触摸并感觉商品以后，证实，即可达到最终购买。

图2-53中的货架里侧演示着红色的毛巾，在外侧的货架上，顾客用手能够触摸的地方很容易拿到，并且还有不同种类的浴室用品也陈列在旁边，供选择对比。这种陈列方法，是站在顾客的立场上，缩短购物时间的有效陈列方法（图2-54、图2-55）。

图2-53
(美国Bloomingdale’s百货店)

图2-54
VP人形模特穿着蓝绿色衬衫就陈列在正后面的壁橱里，使顾客能够很容易地找到。顾客会走进卖场里面，确认演示商品是否适合自己，同时也会挑选不同种类的衬衫

图2-55
穿在人形模特上的衬衫和裤子，就折叠摆放在其旁边。还配有多种品类衬衫和领带的陈列，使顾客能够根据个人喜好的搭配加以选择，提高了与顾客的接近性。顾客可把演示在人形模特的形象和自己统一起来，想象自己穿后的样子(韩国乐天百货店)

八、相关商品整合销售

商品演示的最大意义之一，是将商品所带有的价值和超值告诉顾客。在陈列或是演示中，只一件商品孤零零地摆放在那里，是很难表现其所有的魅力和特征的。比如，在夏天穿的特别漂亮的压花凉鞋，单是放在陈列台上，并不能把其带有的种种长处很好地表现出来。换句话说，商品想对顾客“说话”，却说不出来。

想要商品跟顾客“说话”，怎么做才好呢？有一个简单的解决方法，在卖场内VP或PP空间，把同一色系的沙滩包或同一色调的宽檐帽和漂亮的印花鞋放在一起，一起搭配演示，制造出小情景，必然会抓住经过卖场顾客的视线（图2–56）。休闲服搭配的VP演示：一条互补色的裤子（使人很远就能感受到强烈对比的色彩）与红帽子、黄手套一起演示，漂亮的皮带更以华丽跳跃的色彩尽情展示商品所带有的功能性和美感。看着被演示出的商品，顾客能预知今夏的主题信息，并想象自己穿着那双鞋、带着这顶帽子，在绿盈盈的草坪上和朋友一起打高尔夫球时快乐的样子。

图2–56
（韩国乐天百货店）

浴室用品卖场，不仅只卖垫子，还一起陈列着浴室必备的拖鞋、牙刷架、肥皂盒等，制造出一个温馨漂亮的浴室场景，让顾客在一个地方就能感受到自己所希望的各种类的商品，并能看到商品在实际生活中的状况，便于有针对性地购买（图2–57、图2–58）。

整合陈列相关商品，不仅能够销售更多的商品，还能传递给顾客很多商品信息，起到一石二鸟的演示效果。

图2–57
陈列着所有能在浴室用到的商品，“要是我家的浴室也像这样，该是多么漂亮呀”，在每个生活细节上都整合陈列，让购物的每时每刻都快乐（韩国乐天百货店）

图 2-58
传统市场的浴室用品商店，与图 2-57 上的卖场几乎没有什么价格上的差异，但顾客所感觉到的心理价值却有着极大的差异

九、销售从被看到的那一刻开始

如果把商店内挂的所有衣服一个个穿在人形模特上,顾客比较购买就更容易了。而实际上，从有限的卖场面积来看，那是不可能的。从形象表现方面来看，也会失去演示的重点，反而对销售不利。由于不能把所有商品都出样陈列，所以只能将少部分穿在人形模特上，一部分的魅力展现在墙面或挂架上，多数折叠陈列或挂在货架上，等等。

此时，穿在人形模特上展现的叫演示，挂在衣架或货架上的叫陈列。在卖场里，不管是什么商品，大体上都是活用这几种方法来展现商品。简单地概括演示和陈列的意义，演示就是表现商品的价值，即告诉顾客在使用了商品时所能得到的利益和价值作用。

陈列是展现商品本身的，主要在 IP 形成。IP 陈列要按尺寸、色彩进行排列，在 VP 或 PP 得到信息，能够让顾客更快、更容易、更正确地找到自己的尺寸或所喜欢的商品。因此，VP、PP 和 IP 要相互紧密协调地连接在一起。卖场的形象会随着这三个要素的组合变化而变化（图 2–59、图 2–60）。

图 2–59
不用把卖场所有的商品都穿在人形模特上，可以用演示和陈列的调和，成为有魅力的卖场。冷色和暖色的明确区分，VP/PP/IP的恰当配置，帮助购物的顾客便利地购物（美国Bloomingdale's 百货店）

图 2–60
在VP得到商品信息的顾客，在IP直接就能找到自己所希望的商品（英国Harvey Nicoles 百货公司）

十、方便挑选的陈列服务

容易挑选的陈列法的第一个原则是商品分类，包括以下分类方法。

① 按种类分类：是最根本的分类，把同一项目组合在一起陈列。

② 按购买要素分类：根据顾客的采购要素优先顺序，按其顺序分类。购买要素有设计、色彩、款式、规格、素材、价格、牌子、廓形等（图2-61、图2-62）。

③ 按销售中心分类：必备商品（主打产品）、准必备商品（补助产品）、冲动商品（刺激产品）。

④ 按提案中心分类：量感商品（强调量）、美感商品（强调美）、功能感商品（强调对于功能的信赖）。

⑤ 按时尚中心分类：基本商品、新基本商品、流行时尚商品。

⑥ 按价格中心分类：价格不同的商品。

⑦ 意向表达分类：无意向分类、表达意向分类、角色意向分类、运动意向分类等。

⑧ 按年龄分类：不同年龄层消费者分类。

⑨ 按时装地域分类：欧洲风格、意大利风格、美国风格、日本风格等。

方便挑选的陈列方法又是另一种为了顾客的亲切服务。

图 2-61

图 2-62
这是一个销售地垫、毛巾的浴室用品卖场，先把同一种类组合在一起，然后按照同一色彩分类，亮色的放上边，暗色的放下边。还有从左边以亮色开始，渐渐暗的陈列方式。对于顾客是方便挑选，方便购买的卖场，对于销售是方便管理的卖场（美国 Bloomingdale's 百货店）

十一、以陈列演示和展示容积感

陈列容积感的方法很多，一般阶梯式陈列最有效。

能够把前后商品都展现出来的有效陈列就是阶梯式陈列，即把陈列台做成像阶梯一样有层次，演示出立体来表现容积感。

平面陈列时，如果后面的商品卖得好，陈列量减少后就会被前面陈列的商品挡住，不太显眼，那么也会相应地降低销售率。因此，试用阶梯陈列，可使后面的商品时刻得到关注。阶梯式陈列时应注意，最前面陈列的商品往往卖得最好，千万不要出现前面空位的现象，另外，陈列应由上到下，逐渐变宽，让顾客的视线自然地从上至下看到商品。

偶尔看一些阶梯式的卖场就会发现，上面的商品摆放得很好也很满，但下面商品往前摆，而后面空着或把杂七杂八的包装纸塞进去，觉得顾客不会看，这种行为是绝对不可取的。要时刻记住，顾客在卖场买的不仅仅是商品，也一起购买商品的价值和形象。

便利店的饮料货架有一定的斜度，拿走前面商品的同时即可看到后面的商品，就会自动补上空位。百货店或超市也用这种陈列货架，的确是一种不错的尝试（图 2-63、图 2-64）。

图2-63
上面把商品陈列得很丰满，如果下面也用阶梯有层次地展现更多丰盛的商品就更好了（美国Bloomingdale's百货店）

图2-64
从上到下，将商品和器皿演示得很有容积感的VP（美国Bloomingdale's百货店）

十二、给卖场创造“表情生动的脸”

在一些百货商场购物时往往会感到特别无趣，觉得商店像一张没有表情的脸，如同装满商品的仓库一样。人有喜、怒、哀、乐不同的表情，每家商店也应有数十种不同的、各种各样的表情。

女装每季都推出各种各样的色彩和款式，看到丰富的商品，琳琅满目的色彩，购物时自然就很开心；而男装不仅是几乎相同的款式和色彩，连站着的人形模特的位置也没有多少变化。卖场两边站着的两个人形模特，旁边又直立立地站着销售人员。如果没有必须的需求性购物，人们很难向男性正装卖场走去。最近有一些坐着的人形模特在造型上有了变化，但是最大的问题是仍然少有能够传达卖场主题的，称得上卖场表情的重点 VP。

女装比起从前有了很大的变化，但还有连卖场的表情都没有，只是商品呆板的陈列，就像面试会被第一印象所左右一样，顾客评价卖场、关心卖场，也是因为卖场的“脸”。

面试或相亲在3秒钟内就能决定一个人的印象，在许多卖场中，想要给予顾客更好的印象，就要有漂亮生动的脸（图 2-65~ 图 2-68）。

图 2-65(a)　演示前
没有主要部分的VP演示，视点分散，给顾客集中传递信息和传达的能力相对落后

图 2-65(b)　演示后
把分散在两边的人形模特向中心聚拢，做主要部分的VP，给在卖场的顾客传达的信息集中并使品牌形象丰富（韩国乐天百货店）

图 2-66(a) 演示前
没有重点VP，人形模特也在墙面演示的比较分散，没有展现售卖主题的空间

图 2-66(b) 演示后
把不必要的黑色桌子搬到服务台的后面，把在墙面上的人形模特设置在前面的重点VP上，把符合季节的商品按色彩来组合，把相关商品陈列在衣架上能够直接拿取，这样既强化了重点VP，也能吸引顾客的视线（韩国乐天百货店）

图 2-67(a)　演示前
毫无立体感躺在卖场中心展示桌上的服装不能给顾客传达感情和价值。此外，因为没有一个惯性的彩色情节，所以是一个没有魅力的卖场

图 2-67(b)　演示后
将四处分散的视点在卖场中心处做VP演示，并根据主打商品整合出黑色和黄色系列的魅力卖场，表现出商品的价值和设计卖点

图 2–68(a)　演示前
毫无意义地占领空间的桌子显得卖场入口更加狭窄，防碍了顾客的进入

图 2–68(b)　演示后
撤掉桌子，重新配置分散的人形模特，制造出一个卖场的“脸”确保主流动线的空间，使顾客进入很通畅（韩国乐天百货店）

1. 人形模特的配置方法（图 2-69~ 图 2-71）

(1) 2 个人形模特的放置

图 2-69(a)　左或右，一侧放置
前后配置人形模特的时候，不要放在一条直线上，把另一台放在稍前或后侧更好一些。
把后面的人形模特高度调到比前面稍高的位置，穿上深色的商品会产生远近感，会成为更漂亮的卖场

图 2-69(b)　聚到中央的配置
聚到中央放置时，可得到视线集中和整齐的效果，但变化和生动感会有些不足

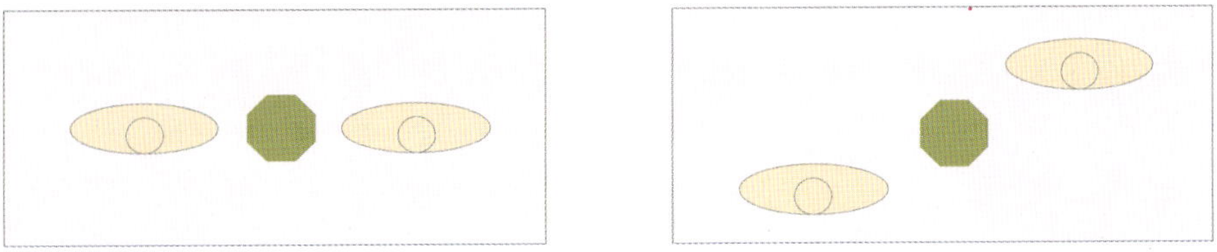

图 2-69(c)　两边分散放置
把桌子或季节饰品放在中央，人形模特两边放置时，重要的是季节饰品应与人形模特演示商品有密切的相关性，产生变化和节奏感

(2) 3个人形模特的配置

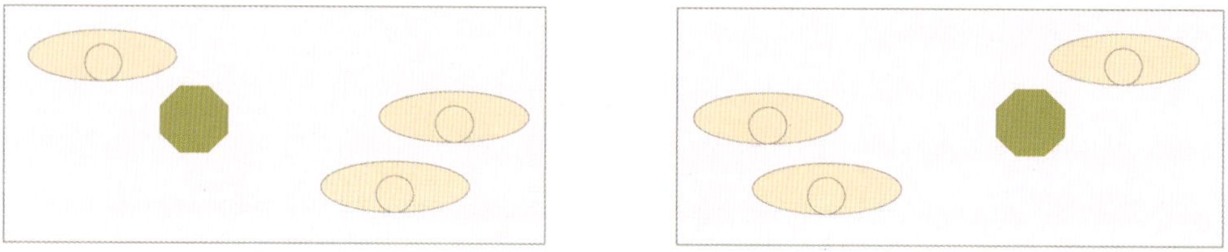

图2-70(a) 后1前2的放置
用后面的人形模特表现远近感，在前面的2个人形模特上，要用同款型或色彩相互有关联性的商品整合展示

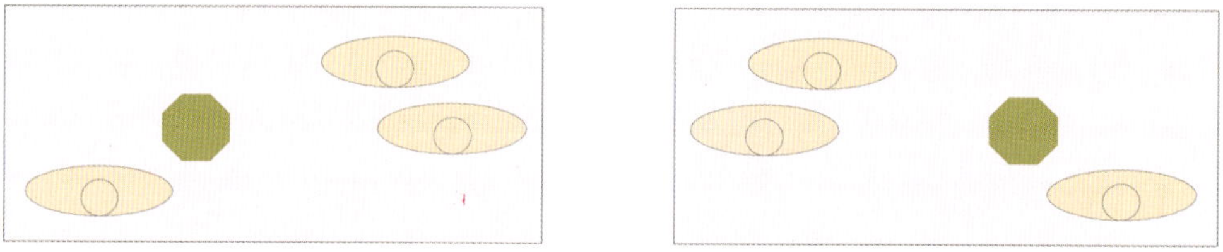

图2-70(b) 前1后2的配置
想要强调前面人形模特的服装或商品时，使用这一配置可有效地产生距离感和动态的效果

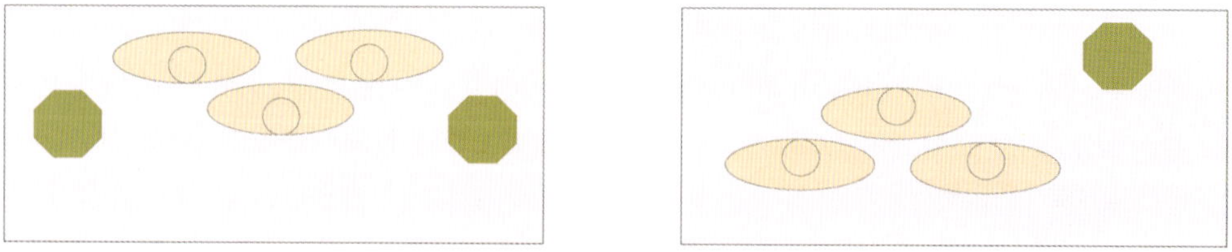

图2-70(c) 3个合起来放置
放置的距离太近会有沉重的感觉，但也可根据小道具或人形模特的姿势组合成注目性非常高的配置

(3) 射线方向的配置

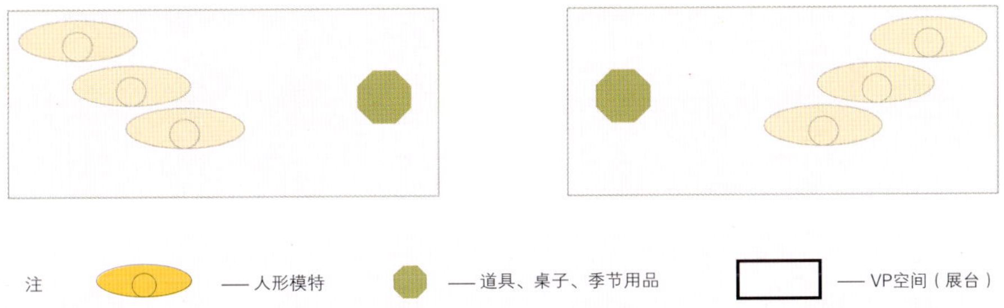

图 2–71
这是最能感觉远近感觉和节奏感的配置，能够以同样的姿势、同样的商品或色彩或者是花样的重复演示，构成有特色的卖场

2. 配置时注意事项

① 先要确定VP空间的宽度和长度，再根据宽度决定人形模特的数量。

② 根据人形模特穿着的主力商品，使用对商品适合的小道具或者季节标志性饰物。

③ 要了解在主动线的什么位置，在哪看最显眼，把人形模特的视线或方向对向顾客的视线。

④ 在稍远的距离观察整体是否协调，有没有不足的地方，从每个方向认真检查（图 2–72）。

⑤ 要根据季节或商品，选用适合的配置方法，制造一个具有变化的卖场。

⑥ 3个以上的人形模特，可以采用同以上的配置方法。4个人形模特，可以在两边2：2配置，或者1：3和3：1地配置；将3个中的1个人形模特以背面效果展示也是不错的。活用以上的配置方法，能够建立有意思、有特点的卖场。

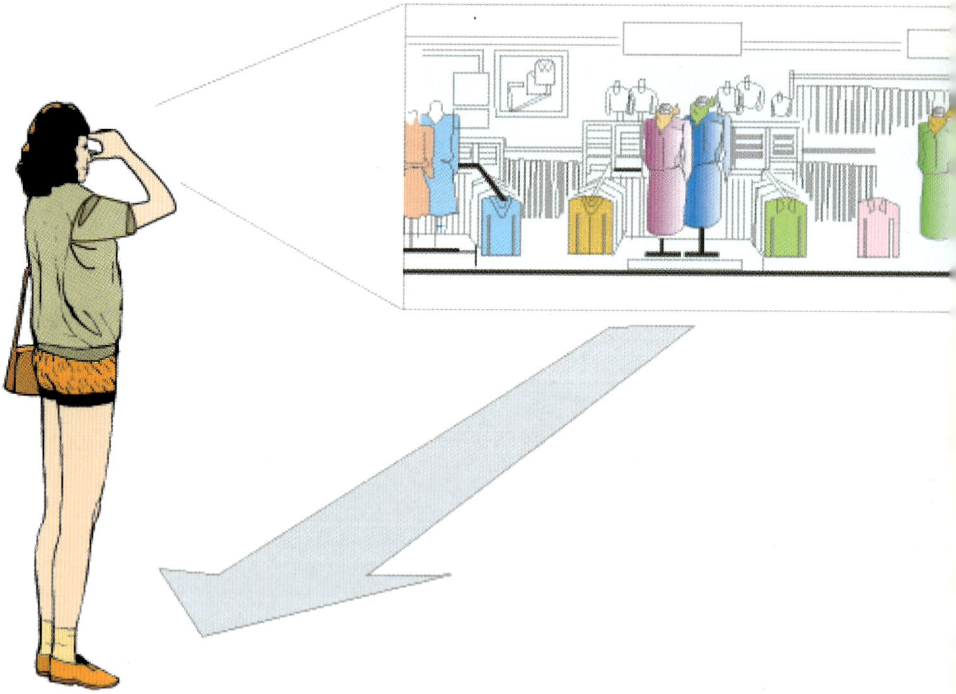

图2-72

第三章

掌握顾客 百战百胜

一、了解顾客才会有答案

卖场内所有演示和陈列，都要根据顾客的动向和视线，来决定商品的位置和配置方法、高度等。首先应考虑的不是卖场自身的方便，而是顾客的视线和动态走向。当然，卖场是一个方便销售的场所，要成为一个有销售效率的卖场，应该先从顾客的立场考虑。儿童需要的商品不应在成人视线的高处，应陈列在适合儿童视线的高度；老人需要的商品如果在太低的地方放置，难免弯腰屈膝，带来不便。这样会变成只是销售，而不是对顾客的服务。陈列中也体现着服务的意识。

根据一项关于“捕捉率”的调查结果显示，注视超市陈列台上商品的顾客约占全体顾客的1/5。而且顾客所注视的范围大体上是一致的。他们主要注视的范围是从膝盖以上到比眼高度稍高的地方，这一范围之外位置上的商品，除了特殊商品会被顾客观看以外，几乎不会被关注。

一般把从膝盖以上到比眼高度稍高的部分称为黄金段，是陈列演示的黄金空间，顾客视线容易达到的地方，拿取商品方便的位置，也是购买发生非常频繁的地方。那么黄金空间以外的，就是没有必要的空间了吗？当然不是。视线高的地方适合用做商品展示空间，能让远处的顾客知道卖场是销售什么的，最下面的地方可以陈列库存或回转率低的商品。

所以，应尽可能把所有商品都均匀地配置在黄金空间中，方法是让商品涉及黄金空间的上下方（图3–1）。

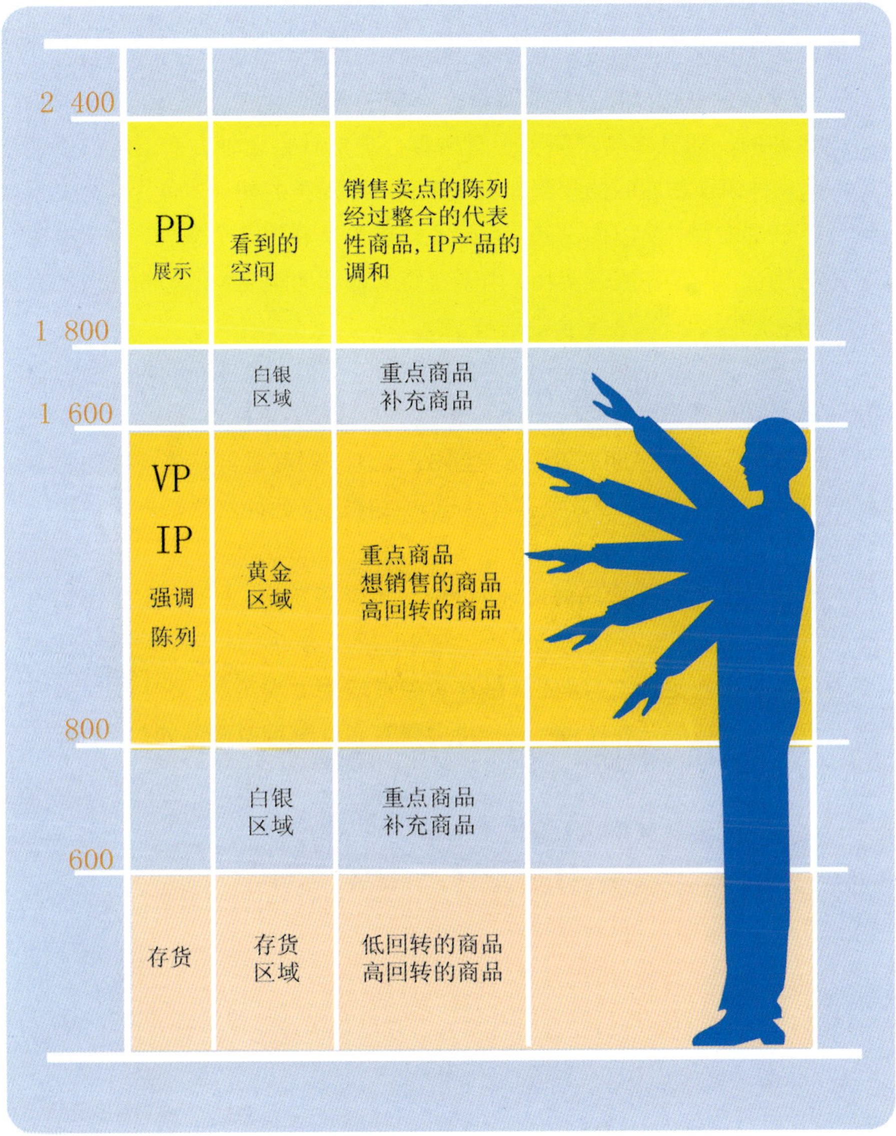

图 3–1

设定适合顾客眼睛高度的空间(单位 ： mm)

二、顾客更多是向左侧浏览

通常人们下了车或走下自动扶梯后，无意识地要往什么方向进行时，人们的转弯行为大都往左。记录在这本书上的文字也是从左边开始的。

为什么会是那样呢？按照假设，人体进行旋转运动的时候，是逆时针方向转动的，即身体的左侧多少有些重，自然就会随轴方向近的左侧转动；也有种说法是右眼的视野比左眼要宽，在人类的防御本能上，为了看到看不清的左侧，所以向左转。实际上超市正是利用这个原理，设置逆时针转的构造。但是在服装卖场，由于在每个停留的地点，相对的滞留的时间不同，所以不一定会完全是这样。

出于对这假设的好奇，所以笔者在韩国百货公司营业时间内对通过自动扶梯上来的顾客先往哪个方向行走做了实地调查（图3–2）。

在顾客最多的星期五下午3点到6点，这一时间进入笔者视线的顾客约有700名，其中有410名顾客是从自动扶梯上来后往左侧行进的（图3–2）。

利用这个原理在卖场做规划的时候，将主题商品、本季一定要销售的商品、库存太多想要处理的商品等，集中陈列在卖场的左侧，能够给顾客更大的反响和视觉冲击力。尤其是在货架或墙面上演示时，把主打商品或重点商品演示或展示在左侧上段，将会更有利于顾客对商品的“捕捉率”。

图 3-2(a)
看上去只会向前直行的男顾客

图 3-2(b)
但是为什么会突然向左转了呢

图 3-2(c)
观察三个小时后的结果，有更多的顾客向左侧转动、转弯

三、顾客不喜欢碰撞

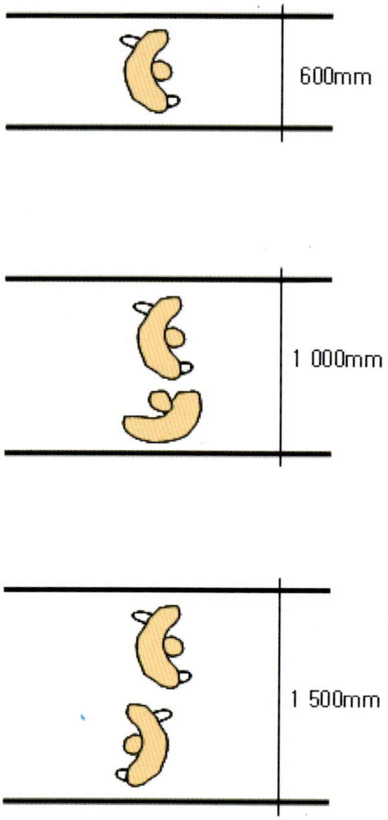

图 3–3
为了使顾客愉快地购物，应保证动线通路的宽度

人们喜欢在身体允许的范围内尽可能地自然舒服地活动。优秀的商店或卖场应给最多的顾客以最长时间展现最多商品的场所。

在纽约的布鲁明顿百货公司大厅内设有摄像头，负责人员在附近的主走廊的领带专柜角落摄像、观察顾客，结果发现，走向出口的顾客，因不愿与进入百货店的顾客碰撞而迟疑着，这么碰撞一两次后，大部分顾客放弃了逛逛看看领带专柜区域的想法，而是直接就走向了出口。

这是因为顾客在碰撞或接触后产生了不便和反感，于是没有太多的耐心专注商品，而是转到在领带专柜角落处的通路上。

特别是百货店或购物中心的一楼，主要路线应确保顾客能够自由活动或移动。偶尔可以看到在百货店一楼卖场中央的主路线上，摆放着一些促销企划的特卖产品柜。管理人员要铭记，顾客不会去看那些促销产品，只是在躲着走过而已，所以时常要关心、关注并确保顾客有能够活动自如的、舒适的行走路线（图 3–3）。

记得小时候上学每每考试的时候，在老师来监考之前，有些同学会把桌子和桌子的距离靠近些。与临座的桌子的间隔更小，让之间的通路变窄，监考老师看到窄的通路就会避开，而从旁边的桌子的路线穿过、巡视。

这个例子说明遇到窄的通路，人们从心理上自然就会有不便和不安感，会犹豫回避，而尽可能地选择又大又宽又平整的道路走过。

购买商品的顾客，大部分会和朋友或者家人来，他们会对一件商品一边交换意见一边行进，因此提供这种空间就是服务，也是提高销售的一种方法。

为了摆放更多的商品，使人能走动的最小路线也不能确保的商店卖场有很多。除了极特别的情况以外，窄小通路会萎缩购买心理，也会引起抗拒感。因此，确保顾客所能走动的道路适当宽舒而畅通，是有利于长期销售的。

人们在购物区选购以后，都想找一个歇脚的地方休息一下。因此，以适当的地方，如白货公司一楼的主路线两边、自动扶梯的周边、时装店或大厅的周边、店内具有很长路线的地方，选择商品变换的区域，制造一个相对宽松的空间是有必要的，目的是使顾客停留休息和调整。路线太窄或太宽，如果持续一样的长度，就无法休息和停留，从而产生快逃离的冲动。

优秀的商店卖场必须要留有不会与别人碰撞的、充分的行走路线和休息的地方（图3-4）。

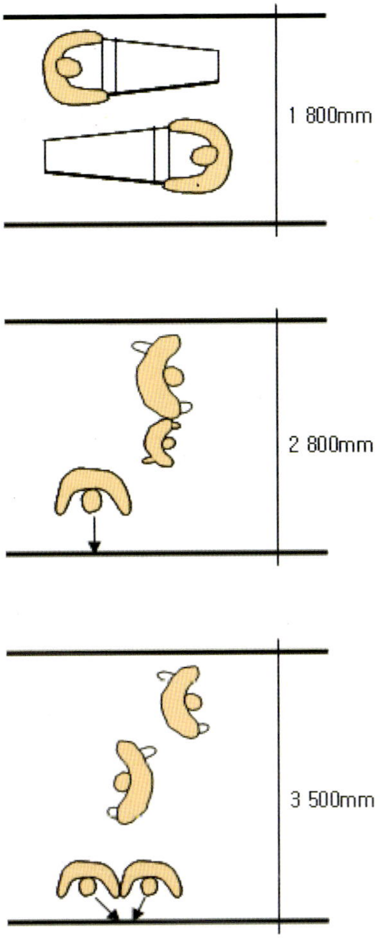

图3-4
为了使顾客愉快地购物，应保证动线通路的宽度

四、人的视觉焦点与照相机不同

人类的眼睛在不转动头部的状态下，垂直方向的视野范围是120°~140°。水平方向时一只眼睛的视野范围约是150°，双眼约为180°~200°。两侧眼睛所共有的领域垂直方向约为60°，水平方向约为90°。想要更清楚地看清物体，当然视觉领域的角度会变窄，垂直和水平方向都会变成约25°。大部分的情况人都在用眼睛看东西，所以在不转动头的状态下，只能关注到这领域之内的空间。

除了停留的情况以外，卖场的顾客是时常移动的，他们不时地看看近处和远处，也不时地看看左右，在不断地变换着视线，这时很少有人把眼睛的位置放在水平方向往上看或往下俯看。特别是边说话边走路的时候更是这样，如果不是因为对商品感兴趣而有意识地聚焦，是不能确实鲜明地捕捉物体，也不能像照相机一样同时看近和远的。

人的视野或视觉，会随着停留和走动时的状态以及身高位置等而变化。所以，要注意到这个重要因素，合理地进行演示和陈列，使卖场成为方便观看的卖场。

1. 自然视线的流向（图 3–5）

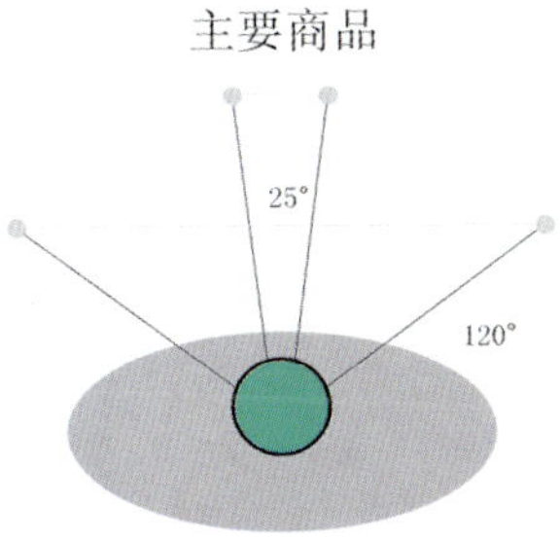

图 3–5 (a)
人的视线范围是 120° 左右，看得最清楚的为 25° 之内

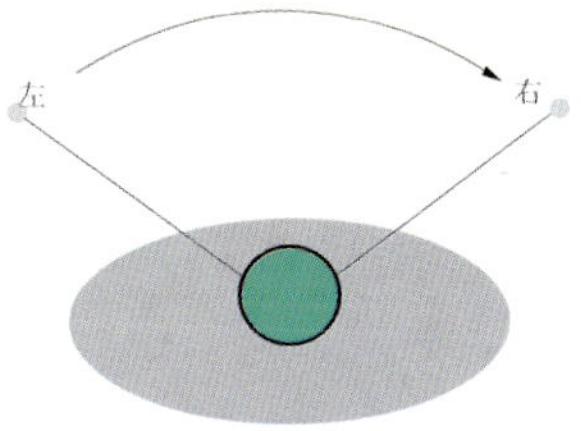

图 3–5 (b)
最自然的流向是从左到右的方向

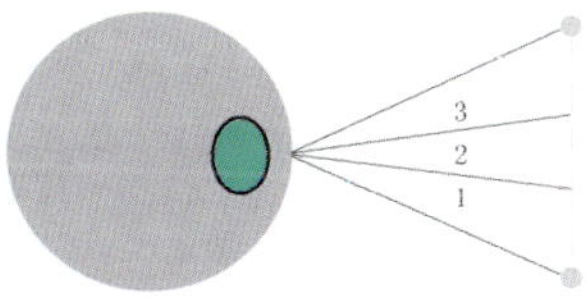

图 3–5 (c)
在近距离看时，视线先看到腿部并从下往上移动

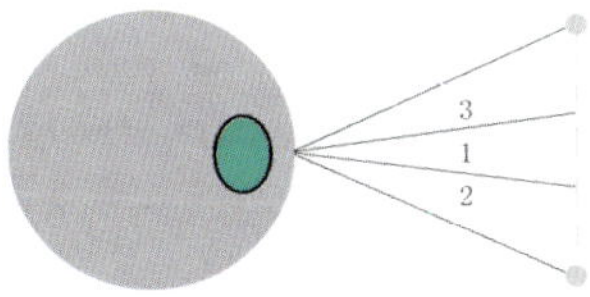

图 3–5 (d)
在 3 米远的地方看时，最先看到正面，然后看下面

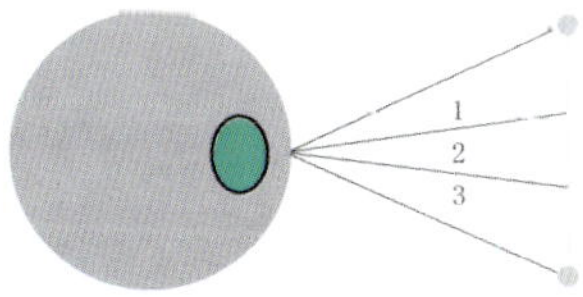

图 3–5 (e)
在远距离观看时，最先映入眼帘的是上面，视线会自然向下移动

2. 随着顾客视线排列货柜（展示柜）的原则（图3–6）

为了使正在走过主要路线的顾客充分理解卖场所带有的主题概念,应该调查分析顾客的视野方向和行动模式,并根据调查结果对货柜或展柜进行排列。其原则有平面法和垂直法。

平面法：利用Aisle(通路，走廊）等卖场空地展示商品，使顾客逛卖场路过这样的地方也有机会被陈列品打动的方法；垂直法（图3–6）：考虑到顾客的视线，前面的货柜或展柜较低，越接近后面越高，使走过主要路线的顾客从前到后都能看到商品的方法。

所进行的排列方法，也是排列的原则。卖场内的空间环境对货柜或展柜等展具的排列有着很强的影响力,达到能够展现卖场最前端到最后墙部分，一定要设计货柜或展柜展具的高度。

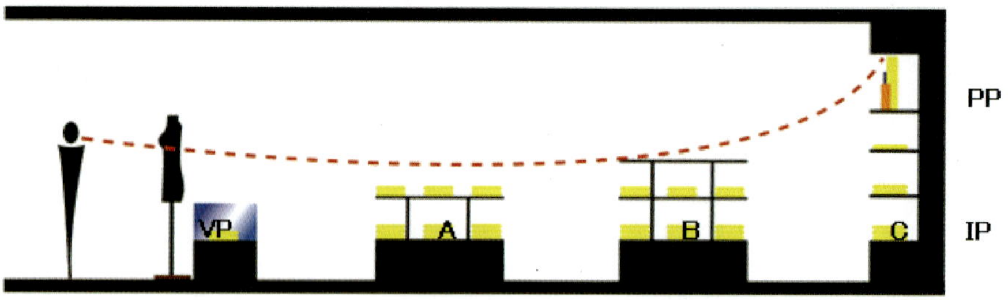

注　A货柜（展示柜）的高度：600mm；B货柜（展示柜）的高度：900mm；C货柜（展示柜）的高度：1800mm。

图3–6

五、不要让顾客放弃卖场角落

在百货公司或购物中心的顾客经常利用自动扶梯或电梯代步移动。利用自动扶梯的顾客只会看其周边的卖场，很少会走到里面的卖场。

通常在许多品牌卖场一起排列的情况下，顾客看一个卖场只会给3～4秒的视线，要怎样抓住这样容易走掉的顾客的脚步呢？根据顾客活动的视线和路线，有必要设置可以激发趣味的集中演示的空间。

例如，可以在路线的最里面演示其品牌或具有代表性的平面产品，也可以按照顾客活动的路线方向每1～2米间隔，演示人形模特，使顾客看着其产品自然地向内侧移动。这样的方法还是很有效的。

在路线上移动的顾客们大部分在向另一层自动扶梯周围的卖场走动，所以想要展现卖场里侧、角落，就要在路线结束点，制造一个能够展现代表形象或主题概念的演示组合。这样，顾客从远处就感觉到那里很有趣味、有意思，产生可能有自己所要找的东西的期待感，被吸引并移动，从而走向那里（图3–7、图3–8）。

然而，在一些百货商场内常常会看到，在以上这些重要的地方却设置了一些衣架或货柜。其也许会使销售率短期上升，但是从长期来看，会使商店或卖场的形象有一定的损失，也是会让顾客止步的非效率性的方法。

图3–7
在路线的每一阶段设置人形模特，自然地向里侧诱导顾客的脚步。移动脚步时接受到的形象能连接到里面的卖场（英国Selfridges百货公司）

图3–8
（美国Bloomingdale·s百货店）

六、在商店内传达的信息是为了顾客

顾客进入商场或购物中心后，视觉上会接受很多商品。那么顾客是否知道他们会在几秒中内可以看到商品呢？3秒。顾客在商店卖场往往是"一扫而过"，观看单件商品时的时间不过是3秒。因此，商店卖场要在3秒内将商品的功能、特性给顾客以最有效的演示，这是陈列的关键所在（图3–9）。

图3–9
在卖场的尽头，要精心用显眼的VP演示来引起顾客的注意，能让顾客在3秒中了解品牌的商品特征，并能了解到其他卖场的信息（美国Bloomingdale's百货店）

图 3–10
具有让顾客随意进去的宽敞空间（巴黎 Galeries Lafayette 百货公司）

1. 容易进去

卖场入口处应确保充分的、可以让 2～3 名顾客进去的空间。宽敞且单纯，使顾客的视线容易进到卖场里侧。要时常在卖场外面以顾客的视线确认VP/PP/IP的点是否重复，将卖场内显得很乱或没有重点的状态及时加以改进（图 3–10）。

图 3–11
曲回的衣架、货架的摆放让顾客在卖场具有一定的回游性，让顾客按照设计好的路线来关注商品（英国 Liberty 百货公司）

2. 回游性

顾客在商店走动的时候，按照自己所关心的领域或按照道具、衣架等随 VP/IP/PP 走动，就像在路边有胡同就会产生走进去看看的欲望一样。在排列道具、衣架、货架的时候，应按照顾客活动的方向从入口处垂直、水平或弯曲配置，不然会使顾客随着直线走掉或感到沉闷无味（图 3–11）。

图 3–12
（美国 Bloomingdale's 百货店）

3. 停留时间

停留时间越长，销售率越高。因为觉得有兴趣，才会更进一步接近自己所希望得到的商品，使商品和顾客见面的时间更长（图3–12）。

4. 接待客人

顾客通过网络和各种媒介广泛查询，比任何人都了解适合自己的商品。销售人员要以丰富的商品知识来武装自己，要给这样的顾客更正确详细的引导和说明，即成为商品与顾客之间的信息传达者（图3–13）。

图3–13
（韩国乐天百货店）

5. 满意

确认商品对自己是必要的，顾客就会毫不犹豫地购买。比起单纯的销售，让顾客满意更为重要。顾客即使购买了商品后，还会带有“我买的这商品好吗？”的疑问。那么必须要了解顾客，全方位地使他们（她们）达到满意，不仅从商品上，也从环境和自身的服务上（图3–14）。

图3–14
（韩国乐天百货店）

6. 再购买

为了加强顾客和商品之间的信息传递，最重要的是持续地给予新鲜感，使顾客进入卖场，在购买商品的同时也使其满足于多种服务。把商品魅力加以展示陈列，使卖场成为有活力并且生动的地方，才能成为顾客想要再来的卖场。应该给顾客一种到那个地方很开心，也能买到自己喜欢的商品的认可，才能拥有固定的顾客（回头客），以达到对本品牌形象的忠诚度和信赖感（图3–15）。

图3–15
（韩国乐天百货店）

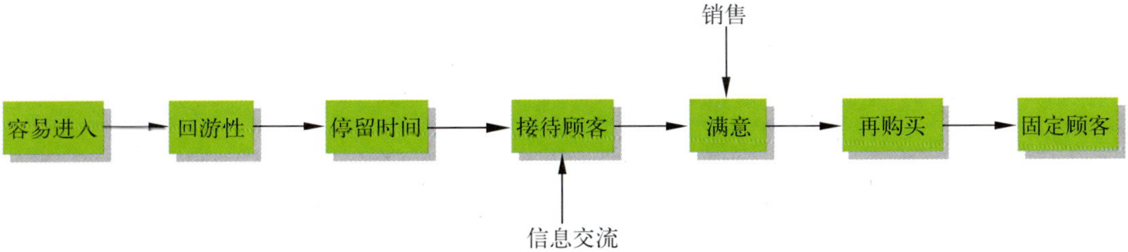

七、顾客容易疲倦

能够在宽阔的商场中愉快而又轻松地逛几个小时，有那样的体力固然是好的，但实际上很少有能够一口气逛完整个商场的顾客。特别是在以稍上岁数的顾客为主要对象的卖场，卖场内部的椅子或桌子的配置是必不可少的，每层必须确保有顾客休息的空间。

现代社会中以享受健康生活为中心的人们对自然有着热切的渴望，所以百货公司和购物中心的休息空间也引进了自然健康的要素，以自然环境的休息空间为基础，来满足顾客潜在的欲望。在休息空间的片刻休整如同吃了甜蜜的蛋糕一样，使购物的顾客得到补充精力的机会（图3–16、图3–17）。

由于卖场空间寸土寸金，在商品还不能全部陈列展示出来的情况下，怎么能给顾客提供休息的地方呢？其实，顾客在卖场中绝不会坐在那一次休息个够的，可能只是片刻停留，或者是为了等候正在挑选商品的家人、朋友。有这样的区域存在，也会给顾客留下人性化的亲切感受，同时，这样的区域也是品牌附加值的体现（图3–18）。

图3–16
在喧闹的购物中心也能够享受绿色的娱乐休息空间，给顾客提供再充电、再购物的机会

图3–17
舒适的顾客休息区（法国巴黎Galeries Lafayette百货公司）

图3–18
卖场内的顾客休息区，也是宣传品牌形象的地方（韩国DAKS店）

八、陈列是为了关照顾客

顾客在需要商品的时候产生购买意识，不仅要考虑商品的价格和功能，更重要的是对购买了这种商品后所带来的利益体现，也就是功利性，也会慎重的考虑。购买价格相同、款式相同的商品时，在非常整齐的卖场与凌乱的卖场里购买相比，心理感受会有相当大的差异。

在凌乱的卖场内购买商品后，总会产生“是不是没买好？”“商品的价值是否与期待的一样？”等不安感心理。对卖场来说，整理归纳商品是很容易的小事，但对顾客来说有着相当大的心理差异，也会严重影响销售的效果和商品的形象（图 3–19~ 图 3–24）。

图 3–19 (a) 陈列前

图 3–19 (b) 陈列后

说实话，这样的陈列是任何人都会的陈列方法。但是卖场却没有这样陈列，理由是什么呢？顾客太多……太忙……只要稍微勤快一点，就能给顾客带来不小的感动

图 3–20(a)　陈列前
很难让顾客看到领带的全貌。按款式陈列的领带，也许使销售人员很容易找到，但对于顾客来说，就不容易一眼就找到自己所希望的领带

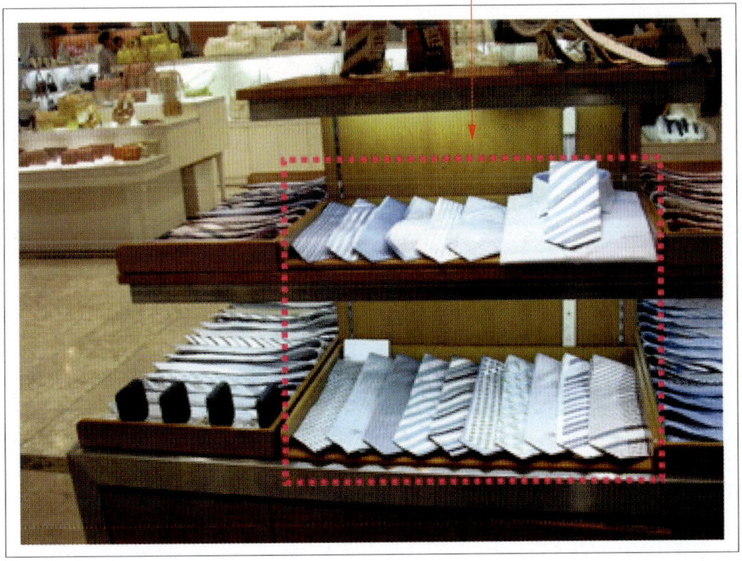

图 3–20(b)　陈列后
展现长的竖的是领带在实际使用时的状态，这是最有效的，喜欢蓝色的顾客可以在蓝色聚集的地方挑选。比起款式陈列，更为顾客考虑的方法是按色彩排列的方法

图3-21(a)　陈列前
可以说卖场像个仓库

图3-21(b)　陈列后
帽子、鞋、包分类摆放整齐，一眼就能看到。陈列的许多商品如果都能卖出去，只要把所有的卖场变成仓库就可以了。重要的不是数量多，而是怎样表现商品的价值

图 3-22(a) 陈列前
色彩协调得很好，但因为模特的姿势不自然，没有能够完整地表现出商品所带有的价值

图 3-22(b) 陈列后
以黄色和黑色来协调色彩，把相关的商品一并演示，连结销售，模特的姿势就是商品不说话时的表情，应帅气神气地表现

图 3-23(a)　陈列前

红色协调得很好，但模特姿势不自然，没有完整地表现商品所带有的价值，相关的商品不足反而有不自然感

图 3-23(b)　陈列后

以蓝色和黑色来协调陈列，把相关商品也一起丰富地表现出来，共同演示做连结销售。色彩不协调反而会破坏整体的形象，所以要大胆地抽掉

图 3–24(a) 陈列前
品牌运动鞋卖场实际的状况

图 3–24(b) 陈列后
非常小的差异，但一样的色彩规格，大的在上面，小的在下面的陈列，使顾客在挑选购买时更加便利

九、明亮的地方吸引顾客的视线

人们习惯于把视线投向明亮的区域，这是人类的本能，色彩也是由于有了光的照射才能显示出流光异彩的美丽。所以，人们不喜欢去昏暗的卖场，被光亮的卖场吸引是理所当然的。即使自己的卖场很亮，但是周围的卖场更亮，相对也会显得暗淡。因此，亮度标准应该和周围成对比关系。但也不是说亮就是好的，根据业种、业态或卖场商品的情况，应有基本的亮度差异。为了卖场内部能够明确区分亮和暗的地方，在设计阶段就应该有具体的规划。

不同的光会对人的视觉和心理产生不同的影响，也会影响顾客的情绪。如果饭店里只是用日光灯做照明，会给一种清冷的感觉，所以很难表现食物的视觉性的味道。要适当利用混合的不同照明，才能够从视觉中感受到食物的美味。

查看合适照明度：

500 lx：商品看得舒适的最小值。

500～700 lx：服装卖场。

600～800 lx：柜台间的通路。

1000～1200 lx：幽深的商店。

1000 lx ：食品卖场商品照明度的最小值。

为了能让顾客自然地进入卖场，重要的是照明度的差异，优秀的卖场灯光的布局可以使商品增加无形的魅力，吸引着顾客的视线（图3–25）。

图 3-25
在黑暗的街道，顾客的视线会更多地停留在明亮的橱窗，这是理所当然的。比起自然光，人工光会达到计划时的效果，起着给顾客正确表现商品存在和价值的作用

照明有聚光和散光的不同。聚光就是把光线聚集在一个较窄的立体角内，而散光则是让光线向周围或相当大的立体角扩散，见下表。

照明项目 \ 显示方式	均匀性显示商品	焦点性显示商品
光的类型	散光	聚光
光 源	荧光灯	灯泡、束射灯泡
亮度状态	整体明亮	有明暗起伏调子
照明印象	明朗、干净、开阔	提供柔和的情调，或制造明显交替的情节

表　商品显示方式与照明

十、照明能使商品充满活力

记得小时候拿手电筒玩游戏，为了营造恐怖感，经常从脸的下边往上照并做鬼脸。这么做，不管长得多好看，都一下子变得很可笑、很恐怖的模样。

照明技术能够起到演示高贵优雅的卖场气氛，提高商品档次和品位的重要作用。想要刻画立体的商品需要适当的阴影，可使用局部照明：聚光灯或射灯，重点照射商品。此时特别重要的是设置商品的照明方向，使商品立体感最好的角度、最有效的角度为前方倾斜 45° 。

随着光角度的改变，感觉也会不同。所以，要针对演示目的来调整光源角度，刻画商品。

上面：自然。

前面：平面、平凡。

下面：独特、怪异。

后面：强调剪影，幻想。

旁边：饱满、立体。

设置在天花板正中的照明，照射展台正中央时，展台前玻璃反光会照射到眼睛上，难以看到商品。从天花板照射玻璃展台时，应倾斜地在后方天花板设置射灯，并做到不妨碍顾客购物。卖场中常用的是镶嵌灯、槽灯和射灯、吊灯、壁灯、台灯等。照射的方式为：直接照明、间接照明和漫射照明（图 3–26~ 图 3–29）。

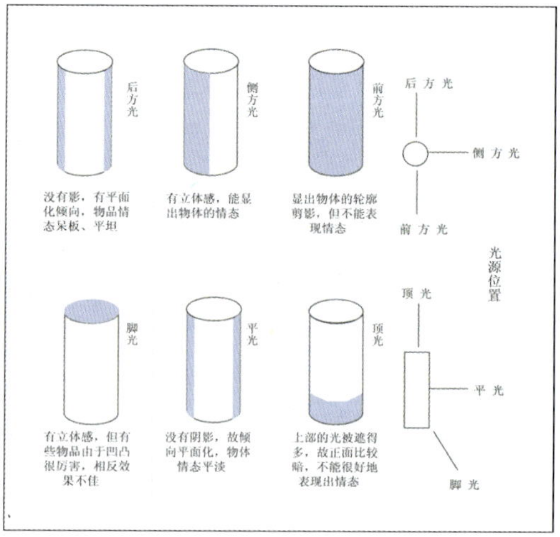

图 3–26
光源不同位置的效果

图 3–27
没有使用恰当的照明，陈列的商品完全被忽略，不能直观清楚地被看到

图 3–28
有针对性地布置光源和光的色彩，能够更显著地表现商品的价值，使商品以最富有魅力的效果展现在顾客眼前（美国 Bloomingdale' s 百货店）

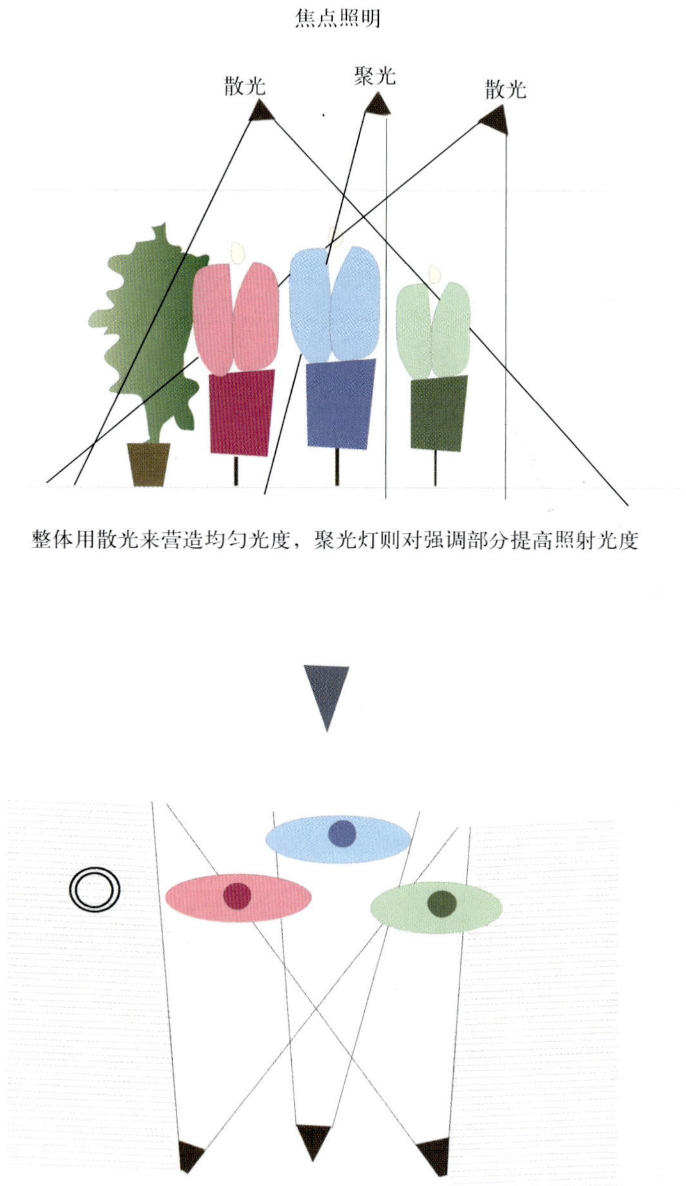

图3-29
照明基本用法

十一、让顾客看到并触摸

人从出生开始就想要触摸所有的东西。刚出生的孩子开始能动的时候，就会把所有用手能碰到的东西送到嘴里去，感知那东西的信息。演示的商品不同于印刷物上的商品，有能用眼睛看到并被用手触摸感觉到的优点。直接去卖场购物的原因也是想要用自己的眼睛直接确认，去触摸去试穿，去感受商品所带来的感觉。

经常可以看到在浅色的产品上套着塑料袋或半肩塑料袋的情况，这无疑是传达给顾客"这是不能让你触摸或试穿的商品"，使顾客产生无言的警戒心，刚产生仔细看看款式的想法随即消失。同时，也会嫌拿掉塑料袋很麻烦，如果款式和做工不符合自己的要求，还需要再给商品套上……这时，顾客就会产生远离感，走向别的卖场……应马上把塑料袋脱掉，充分提供给顾客体验接触的机会！

吸引顾客走入卖场里侧的方法之一，是把在VP演示的人形模特上的商品挂在后面的衣架上，以此来诱导顾客的脚步。顾客喜欢模特所演示的商品，而那件商品就在后面的衣架上，能直接去触摸面料质感，于是会向里侧慢慢移动脚步，也就增加了顾客看到其他商品并体验的机会（图3–30）。

如果将所有的好的商品、有魅力的商品都给顾客演示、陈列出来，而没有重点顺序，就等于一件也没展示。

将与人形模特演示商品的相同品类或同色不同款的商品，直接挂在旁边或后面的衣架上。顾客触摸演示商品后，就可能在旁边进行再一次的体验，同时脚步还会自然地移向卖场内其他的衣架、货架，从而加深对该卖场的印象（图3–30）。

图 3–30(a)
把演示在人形模特上的商品直接陈列
在后面的衣架上，形成连接效果

图 3–30(b)
观看演示商品的顾客

图 3–30(c)
看完商品后直接去触摸后面演示的商品

图 3–30(d)
自然地把脚步移向卖场里侧的顾客

十二、顾客购买的是文化品位和快乐

是什么使顾客一大早就在百货公司门前等待开门呢？商场今天为顾客准备了怎样有趣而快乐的活动呢？

韩国H百货公司在打折期间，将海上旅行作为赠品开展了大规模的促销活动：卖场的入口处有穿着海员服装的迎宾员来迎接顾客；卖场上空传来合着海浪的汽笛声；卖场内，在顾客移动脚步的每个地段，都有VP空间，把海上旅行时能穿的衣服和物品放在一起演示，使顾客产生好像已经抽中得奖后去旅行的错觉。这么绝妙的三种节奏真是很合拍的。不仅有从卖场外到卖场里的自然连接的视觉形象，还有添加的音响，真是一个自然的、使购物快乐的大型促销活动。

顾客在购买行为发生之前，是需要文化娱乐生活的自然人。商店的所有策划和方案的实施都是结合文化娱乐为基础而创造出来的，必须要做多资源的整合。

如果说设计的领域主要与社会经济水平方面有着更多的关联，那么，商业活动就是依存于经济原则的，流通活动也应该是依存于文化原则的。因此，为了在激烈的商业竞争中胜出，散发个性的方法应以文化为基础，人类本身有“玩”的游戏本能，所以卖场应经常制造出一些娱乐的氛围（图3–31～图3–34）。

虽然商品价格有些贵，但还是选择了到百货商店、购物中心、卖场的理由之一，就是能感受到文化的原因吧。就算有再高的销售率值得炫耀，要是不能从文化领域上还原给消费者，那么也不会维持太长时间。

图 3–31
这是英国伦敦家居用品的橱窗演示，将生活日用品与大自然的景象以超现实的手法展现在一个空间内，营造的是对自然生活渴望的品位，幽默的创意生活带来无限的快乐，将这样的理念融入商品中

图 3–32
进入卖场就会有为圣诞节准备的多种礼盒在每个桌子上漂亮的展示着，给挑选带来快乐

图 3–33
大型海报的悬挂，变幻莫测的光影，调动了整个商场的节日气氛（法国巴黎 Galeries Lafayette 百货公司）

图 3–34
按照时间音乐变换色彩和图案的特殊灯光，使好奇的儿童跟着快乐地跑动起来，营造出节日欢乐的购物喜庆氛围

第四章
色彩是陈列规划的起点

一、看，从色彩开始

色彩是比语言传达得更快的手段，所以要想把传达的内容利用色彩来好好表现，即使不用语言说明也能够有效地传达产品的特征。色彩不仅能够组成愉快的消费环境，而且也为购买人提供美丽的视觉享受。不要忘记销售产品的同时也是在销售色彩这一魅力的事实。全世界沟通使用的共同手段之一“色彩”，成为另一种“语言”，无声地使卖场更加多姿多彩。

在商品竞争同质化的今天，更为强调的是品牌文化和商品包装、广告等外在的营销手段。所以包装或广告，VI 的作用就变得越来越重要。如果用计划的色彩定位制造了商品，就需要使商品具有价值，用更显眼的视觉性色彩陈列的方法加以展示。

因此，要了解色彩，就应该改变习惯的观点，去观察周围。色彩种类很多，不少色彩我们也许都叫不出名字来。是否意识到色彩的存在，对色彩的感觉是完全不同的。对于商品演示和商品陈列，色彩的处理占着很重要的位置，是一刻也不能忽略的。色彩处理不妥，将可能完全抵消了展示的表现宗旨。

如果要求显示畅快形象的商品演示，应该用明亮、鲜艳的色彩进行调配。如果用了暗色、浊色，就不能把演示目的——畅快愉悦的印象传达给顾客。在色彩的处理上有两种方法：一是直接调配出新的色彩，涂到画面上去；二是利用现有的色彩，组合起来产生新的色彩效果，也就是把物体色进行搭配。商品演示及陈列，用的是第二种方法。

色彩看起来有什么反应、什么感觉，这与人的心理有关。演示、展示、陈列的色彩表现，既与色彩的视觉形态有关，也与人的感觉有关。

商品演示，在达成其目的之外，为了明确传达展示地带的商品，表现出销售场地的美，必须是系统而不是随意地处理色彩。常常见到一些卖场，橱窗和 VP 演示空间的。

色彩搭配得相当美丽，但浏览其 IP 陈列的销售空间则色彩凌乱，结果导致专门营造的店铺形象和商品价值都大打折扣。今天，商品色彩已越来越占有重要的地位，演示已经从单纯的橱窗、展台而大量地推广到了人形模特、隔板陈列上，PP、IP无所不在。演示和陈列的色彩调和、处理，对商品的说明力无疑有重大的影响（图4–1、图4–2）。

图4–1
粉红色和绿色之间的协调演示得很好，是一个让顾客视觉愉快的卖场

图4–2
在销售商品的同时也要一起销售有魅力的色彩。与美丽的色彩一起搭配演示，也会有很美丽的卖场

二、厚重的色彩往下放

在处理色彩时，必须了解色彩“色相”“纯度”“明度”的概念。认识色相，记住其名称，进而建立其感受。

色相的名称很多，如果不能分辨出众多不同色相的色彩，那么色彩调配只是句空话。赤、橙、黄、绿、青、蓝、紫，这些便是基本色相的名称。

色彩是浓烈的还是清淡的，一般用“纯度”来描述。色彩非常鲜艳饱和的，称之为纯度高；加入了灰调，色彩看起来暗了、浊了，就称之为纯度低。

色彩还有暗和亮之分，这用“明度”来进行描述。明度指的是某种色彩所相应的灰调的深浅。浅便是明度高，深便是明度低。明度可以用普通概念下的明暗来理解。

应注意的是，明度和纯度是两个完全不同的概念，但两者却又有关系，因为两者都与灰调有关。色相、明度、纯度是决定色彩最终状态的三个因素。

色彩也会影响重量感。根据使用色彩的颜色或纯度会有重量感的差异，但是明度受到的影响最大。明度高的亮色显得轻，明度低的暗色显得重。例如紫色系的颜色比橘黄色的颜色显得重。

陈列商品时，如果是大小差不多的商品，就应该把色彩鲜艳的摆放到靠上的位置处陈列，暗色的放在偏下的位置处陈列，才能使挑选商品的顾客视线自然地从上往下移动，也能安心地挑选物品（图4–3 、图4–4）。如果暗色的放在上面陈列，顾客从心理上就会有一种商品马上就要掉下来的不安感。

图 4–3
黑色和白色做比较，几乎有接近 2 倍的重量感。从亮的粉色到深粉色，从亮的蓝色到暗蓝色，使商品色彩协调又有稳定感的陈列

图 4–4
把男士的领带和衬衫从明度高的暖色到冷色垂直向下的陈列

三、狭窄卖场的色调变化陈列

色彩对大小的感觉也有影响。比如说，虽然是一样的款式，一样规格的衣服，穿黑色的看上去更显苗条。再比如，虽然同样的空间，用明亮米色装饰的空间看上去比用深灰色装饰的空间宽。也就是明度高会在视觉上显得大，明度低则显得小。另外，在一个色系里，纯度越高视觉上越显得有扩张感。

陈列也是把纷繁的色彩向自然阶段规划移动的方法，在绿色系的色彩中也要把亮的颜色陈列在前面，稍冷的色彩和最暗的色彩陈列在后面。按阶段自然移动的方法，色调变化不仅使卖场看上去更宽、更整洁，而且能够方便顾客选择，是最具代表性的色彩陈列方法。

如同绘画时为了表现深远的空间，把在前面的树画成浅褐色，后面的树画成深褐色，在卖场，越窄的卖场利用这个色调变化的陈列方法，越能够给卖场以深度和宽度。

演示中运用色彩，应以色调配色为中心。色调可分若干个种类，比较常用的有淡色调、浅色调、亮色调、鲜色调、深色调、暗色调、浊色调、暗浊色调、浅浊色调等。分清色调的品位，对演示是很重要的，这决定着能否发挥色调配色的美感和魅力。在卖场入口陈列商品时，色彩的排列要从亮色到暗色陈列，货架上要从上到下越来越暗地陈列，才能给人以稳定感（图 4–5、图 4–6）。根据季节惯例，夏天把清凉色调摆在前面，冬天把暖色调摆在前面的陈列更为有效果。

图 4–5
从亮色到暗色的衬衫陈列，给人以细腻稳定的印象。包装好的衬衫也是按规格做垂直的色彩渐变的陈列

图 4–6
色彩的陈列很好，如果把绿色 T 恤跟同样的绿色系聚在一起做色调变化看起来会更出效果

四、休闲装的卖场色彩要有活力

色彩既能使人兴奋，也能让人安静。明度高的红色系给人充满活力的感觉，明度低的蓝色，从心理上给人安定文静的感觉。

休闲装或运动装所有色彩大体上为原色，鲜明的色彩成为主流色，这样的商品带给人充满活力的生动感。陈列或者配置这种色彩时如果利用补色对比，就会更加有效果（图4–7、图4–8）。所谓补色是指色块之间的对比色，从三原色——红、黄、蓝来推导，红色的补色是黄色加蓝色（绿色）；黄色的补色是红色加蓝色（紫色）；蓝的补色是红色加黄色（橙色）。像这样将色彩互补的商品交错陈列在一起，会显得更有生气和活力。图4–9、图4–10中鞋子的陈列也是同样道理 。

图4–7

图4–8
橙色和绿色的补色对比，使相互间看上去更为鲜明，也使卖场更为生动。销售休闲装的卖场把彩度高的商品以补色对比陈列，会使顾客不由自主地拥有充满活力的感觉

图 4–9
发出文静声音的女鞋卖场，和谐的同色系摆放强调的是优雅

图 4–10
发出活力声音的休闲鞋卖场，自由的补色系陈列强调舒适感

五、顾客希望有自己喜欢的色彩

消费者在邮购或网上购物时，也是先看到产品的照片后，才下定购买的决心。不管是什么商品，顾客都需要用眼睛确认后才能购买，这是人们的正常消费心理，所以销售的第一步是先让顾客看到商品。

每个人都有自己喜欢的颜色，不喜欢的颜色就不会进一步仔细地观看。假设眼前有成千上万种颜色，人也只会对自己所喜欢颜色感兴趣，并且还能牢记自己喜欢的颜色。

为什么会这样呢?

人会在无意识中寻找自己喜欢的两种颜色：一种是使自己“心情舒畅的色彩”，另一种是让自己“心跳的色彩”。这两种颜色能使人安心或快乐，把两种颜色协调在一起展现，就能成倍地提高陈列效果。具体地说，就是把能够让人心情舒畅的颜色作为基础色，把能够让人心跳的颜色陈列在其上面。

这是利用人为了按捺自己不安的心，想要找一个安心的方法的本能组合。也可以说成一种颜色是“神经安静剂”，另一种颜色是“兴奋剂”。给予安定的同时又能让人心跳的方法是一种心理陷阱，但它是一个不伤害任何人的陷阱。“安心”和“心跳”是让顾客能够以愉快的心情购买商品的主要因素（图4–11、图4–12）。

图 4-11
具有帅气活力颜色的T恤，使顾客的心情激动不已。给人一种至少也要有一件只属于我自己的颜色的心理效果。利用彩虹法的色彩陈列组合

图 4-12
多种颜色的商品聚在一起相互协调的卖场，能够给予顾客视觉上的愉悦感

六、吸引女性的色彩陈列

让女性变漂亮的色彩会使其失魂。以粉色为代表，看到这颜色，就能使女性激素分泌活跃，还可以分泌出幸福感使女性更加女性化（图4–13）。红色也是女性喜爱并刺激其购买的颜色之一，如红色高跟鞋、红色指甲油、红色沙发等都是女性喜欢的商品。

喜欢购物的女性，看到这样的红色商品会有什么反应呢？当然会感到强势的魅力。购买商品的欲望也会增强，因为红色会刺激人体产生分泌肾上腺素，想要在竞争中胜出的心情也会上调，所以如果有“便宜”或“限定”等契机时，她们就会毫不犹豫地购买此商品。

能够使女性失魂的颜色不只是粉色和红色，还有蓝色。其原因是，蓝色系列色是消除不安和压力的颜色。看蓝色能使人心情平稳，也有一种被安慰的感觉，所以能够吸引她们。

图4–13
粉色和白色相互协调的女装卖场，利用了色彩渐变的间隔法陈列

女性较男性喜欢的颜色更多，对色彩有着敏感的反应。喜欢颜色的热情也比男性强，看色彩时还带有感情。如果想营造整体的既轻松又柔和的氛围，就需要使用白色。灰白色和米白色有优雅沉静的感觉，这也是女性特征之一。红色与白色搭配比完全用红色效果更好；绿色与米白色搭配时比全部用绿色时更有稳定感(图 4–14)。

图 4–14
（韩国乐天百货店）

七、 吸引男性的色彩配置

年轻男性会对帅气的颜色感兴趣。那么男性根据什么，觉得特定的颜色是帅气的呢？这决定于男性心里有向往像战士一样刚强的形象。因此，厚重的形象较轻薄的形象更受普遍的欢迎。黑色、暗灰色、藏蓝色，就属于这样的颜色。

男性重视视觉表现出的“分明”，即重要的是能够确实地看到。因此，要把握住男性色彩中最重要的是明暗的颜色差异，其次才是色调的视觉感觉(图 4–15、图 4–16)。

例如白色和黑色，银色和黑色，深蓝色和鲜艳的青绿色，红色和黑色，棕色和绿色的色彩搭配比较受欢迎，男性特别喜欢这样鲜明和分明的感觉。还有对绿色或棕色的感觉，有一种在自然中茁壮成长的理想魅力。

图 4–15
充满男性帅气阳刚魅力的休闲装卖场，色彩分明、视觉效果协调(英国 Selfridges 百货公司)

图 4–16
淡蓝色和白色这样有稳定感的配色，显现出气质不同的男性休闲装卖场(韩国 BOSS 店)

八、儿童喜欢的颜色是卖点

孩子们喜欢的颜色，有利于孩子们的健康发育。

红色是孩子们活泼运动和成长的能源; 黄色刺激大脑,对语言发育有帮助; 维持身心均衡需要绿色，孩子们的身体本能地想望均衡地发育，所以很自然地寻找绿色; 蓝色可以均衡地刺激左脑和右脑，并帮助感性和理性的发育。如同孩子们从食物中摄取的营养一样，他们周围的色彩可以刺激感官，使其健康的成长(图 4–17、图 4–18)。

儿童喜欢纯色，因为纯色是最能表达感情世界的颜色。但是在生活中，对中间色感兴趣的儿童也越来越多了。许多服装卖场为个性的儿童设计出黑白色的陈列，以吸引儿童和父母的视线。

图 4–17
把孩子们喜欢的颜色按同色系陈列。喜欢蓝色的孩子在左侧衣架，喜欢黄色的孩子在右侧衣架，可以愉快地挑选

图 4–18
由于性别差异所以对颜色有不同的偏好。女孩子喜欢白色、粉红色、粉紫色、淡蓝色和红色等，男孩子则喜欢蓝色、青绿色、浅蓝色、黄色、黑色(英国Selfridgcs百货公司)

九、适宜老年人的色彩陈列

一般，老年人眼睛昏花的原因是由于黑色素在眼球表面沉积的结果，从而变成像带了潜棕色太阳镜的状态，所有的色彩在他们眼里都会觉得比较暗。因此，当看到藏蓝色时如同看到了添加了浅棕色的灰色或黑色。所以，老年人有想要看到鲜艳蓝色的欲望。

人们越是上了年纪就越不能很好地识别蓝色和绿色的差异。因此，要更高频率地配置黄色，使色彩之间形成鲜明的对比。

老年人的心情愉快可以提高其免疫力，变得更健康。当老年人感觉体力或气力下降时，容易产生焦虑忧郁的心情。这时，就需要用高明度漂亮的颜色，如鲜艳明亮的红色、活力的橘黄色和如熟透桃子一样的淡粉色等，对老人起到激励的作用。所以，陈列时也要把明亮华丽的颜色配置在前面，以吸引老人们的视线(图 4-19、图 4-20)。

图 4–19
粉色和粉色，蓝色和蓝色，绿色和绿色聚在一起，把商品中出现的漂亮颜色以焦点表现的形式进行陈列(韩国乐天百货店)

图 4–20
色彩陈列的核心是把相同颜色的不同款式或相同款式集中在一起，按色彩级别陈列，只有这样才能成为有魅力且色彩漂亮的卖场(韩国乐天百货店)

十、让人动心的卖场有其自身理由

能够让人心动的卖场一定具有多彩的特征。下意识让目光停留在化妆品上，不是因为肉色的粉底色，而是因为有绚丽色彩的眼影和唇膏吸引眼球的缘故。男性也是在挑选领带时比挑选衣服时更感到快乐。

使顾客动心并能够以高兴的心情购买商品，对卖方和买方都是幸福的事情。对于女性来说，购物的时候是愉快的，卖场应展现多彩的颜色，以使她们得到充分的享受。如果漂亮的颜色有5种，人们大部分会从其中1～2种颜色中感到快乐，看着这样的色彩会有充分度过了好时光的感觉。

这样愉快的体验会转变为对提供这样体验的卖场和品牌的好感，并记在心里。多次这样的感受便能提高对品牌的信赖感，从而产生忠诚度。

贝纳通(意大利休闲装品牌)卖场内充满着从远处就能一目了然的多种色彩，并且随着季节的变化其主题也会改变。可以说贝纳通品牌通过固有的特征，目的是表现意大利特有的华丽色彩感的风格。多种色彩的商品，可以给人以视觉享受。

图 4-21
韩国内衣品牌 yes(韩国乐天百货店)

内衣品牌市场日益丰富起来，不仅体现在商品的颜色和设计方面，鲜艳的内衣展示背景，以散发着独特的魅力的色彩抓住了顾客的眼睛。例如内衣品牌”yes”,就是利用能够更好地显示鲜艳内衣的独特背景而受到许多顾客的欢迎(图 4–21、图 4–22)。

图 4–22
韩国内衣品牌 yes 的街头专卖店，光看店头的色彩，就能吸引顾客的脚步(韩国釜山店)

十一、协调色彩带来购物的快乐

到百货商场的儿童服装区,就能感受到色彩概念利用得非常好的品牌形象,并能感受到品牌风格的差异化,以及比女装区更成体系的树立着品牌概念的色彩形象。

带着孩子出来的年轻妈妈们,专门选择并购买自己喜欢的形象品牌。色彩主题概念越是明显的品牌,其陈列商品卖场也很协调,吸引消费者毫无踌躇地选择并购买多种组合的商品(图 4–23)。

协调的色彩为购物注入快乐,也为疲惫的身心注入健康的活力(图 4–24 ~ 图 4–26)。

图 4–23
协调的蓝色色调的童装,精心设计的道具展示台,展示出该品牌男童顽皮可爱的模样,不仅仅吸引着孩子们的目光(英国 Harrods 百货公司)

图 4–24
按色彩陈列的户外休闲装卖场。以橙色、绿色、黄色、蓝色等各种颜色，给喜欢户外运动的顾客带来视觉上的快乐，也是一种功能性色彩的设计和需要。顾客可以从自己喜欢的色彩中选到心仪的商品(韩国乐天百货店)

图 4–25
巧妙地利用壁画效果和构成卖场的天棚、衣架、展架一起，通过商品的色彩协调，使卖场更有活力和趣味(韩国乐天百货店)

图 4–26
卖场中，年轻人在和多种色彩接触并愉快地发表自己的意见，快乐地体验购物的乐趣

十二、调和色彩达到完美

调和(coodination)是将两种及以上的事物统合协调的意思。特别是在时装的调和上，上装下装、帽子、皮鞋、包、饰品等，所带有的色彩、面料、细节、款式等要素中，按照共同性或相互关联性的分类，再把这些商品按相互共性的因素协调后，塑造成一个完美的形象称之为调和。

随着生活的时尚化，整体协调思维方式也随之发展。所以，在除服装以外的生活空间和衣食住行等的所有分类中，调和也很受注目。

调和的目的是促进顾客决定购买。在这一过程中，所展现的方法的差异点是能够与竞争店具有视觉上的差别化表现，因此就要求店铺或卖场要有独特的调和方法来进行演示陈列。

服装的调和还包括利用两种以上的色彩相互衬托或调和，来提升整体效果的色彩协调。根据商品表现的素材感，利用无关联花样和谐的表现，从而得到意外的效果。多样的服装品类通过协调色彩混搭后，既能穿着协调，也能充分表现独特的个性。

1. 色彩变化的调和

把上衣或下装的色彩或款式相互交叉做调和。如果上衣选择了变化多的款式，那么在搭配下装时宜选择简单款式，才能更好地突出款式设计带来的卖点(图 4–27、图 4–28)。

图 4–27

图 4–28

在调和人形模特时，要配上包、帽子、腰带、项链等一起演示，会比单纯用衣服展现更为有效。图 4–29、图 4–30 中的色彩协调得很好，但缺少配饰的衬托，缺少生动感，视觉吸引力也较弱。

图 4–29

图 4–30

2. 色彩统一的调和

调和连衣裙的颜色或款式时，其同一色相的颜色用在调和人形模特的上衣或下装中会有统一感，并且可以得到强调连衣裙颜色或款式的效果(图4-31、图4-32)。

图4-31

图4-32

与强调色做补色对比，或者在同一系列上给予明度差异，使每一个人形模特都形成调和，并且整体也要协调的演示(图 4–33、图 4–34)。

图 4–33

图 4–34

3. 整理过的色彩调和

在表现同色系的衬衫或上衣、裙子、裤子的设计，或不同花纹时，用在年轻人之间流行的情侣装就是一个很好的演示(图 4–35、图 4–36)。

图 4–35

图 4–36

把上衣或下装以同色搭配演示时，能够展现出强烈的统一感和稳重感。只选上衣或下装中的一个颜色演示时，就能展现彼此呼应的统一感，并且也能够起到相互强调的作用(图 4–37、图 4–38)。

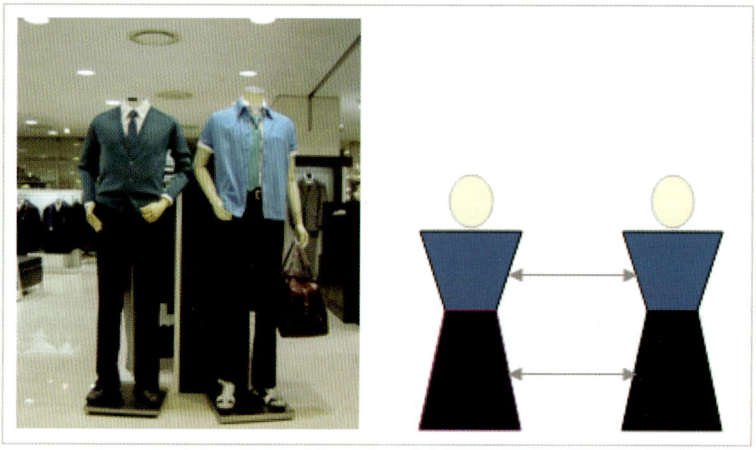

图 4–37

图 4–38

4. 不足之处的调整

2% 的不足……

图4–39所示为户外登山服卖场演示。图(a)虽然做了色彩调和搭配演示，但与图(b)比较，人形模特没有“表情”。做调和时不仅是色彩，服装本身带有的表情也要很好地表达出来，这是演示中很重要的部分。

图 4–39(a)

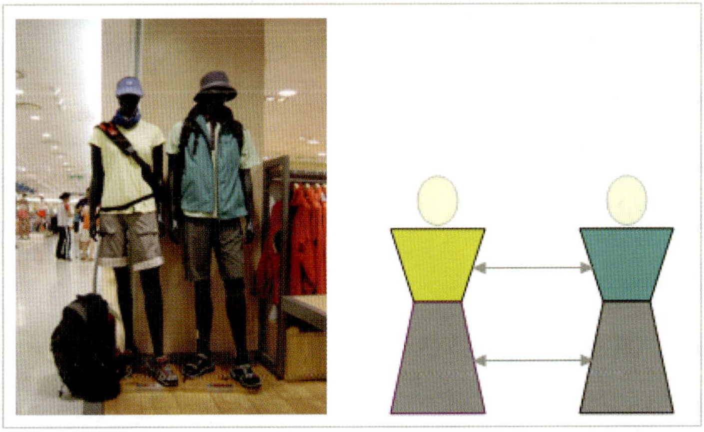

图 4–39(b)

2% 的不足……

在运动休闲卖场要强调运动和活泼的形象，图 4-40(a) 色彩调和做得非常好，但缺少与衣服相衬的帽子、包、护腕等饰品，演示在人形模特上的商品，要站在顾客立场上，演示成“我现在就这样穿出去”也可以的形象。

图 4-40(a)

图 4-40(b)

2% 的不足……

正装卖场最为重要的是富有魅力的调和表现。

图4–41(b)以绿色系作为重点色彩，并强调同一款式形象的调和。与图(b)相比，图(a)在色彩、款式、样板、素材上没有一个统一的要素，使人感觉不协调。展示物之间至少要有一个共同点，才能成为有魅力的演示。

图4–41(a)

图4–41(b)

2% 的不足……

图4-42(b)正确地传达了本季节流行的是橘红色华丽花纹的信息。而图(a)中虽然各个人形模特的调和做得很好，但是在两台人形模特上却找不到任何共同点。不知道到底是想要强调色彩呢还是想要强调款式，不能给顾客传达任何信息。

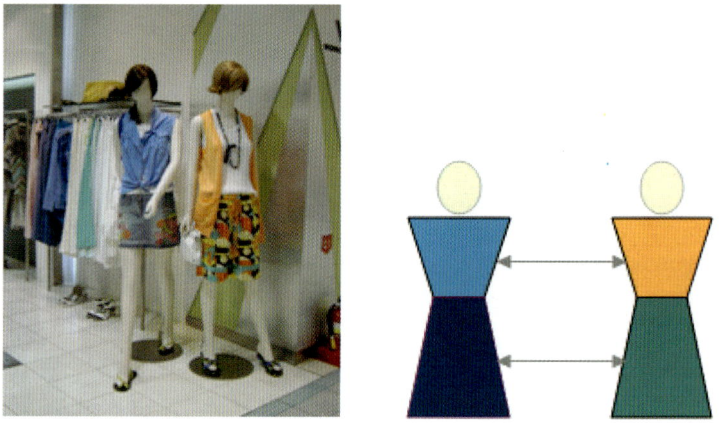

图 4-42(a)

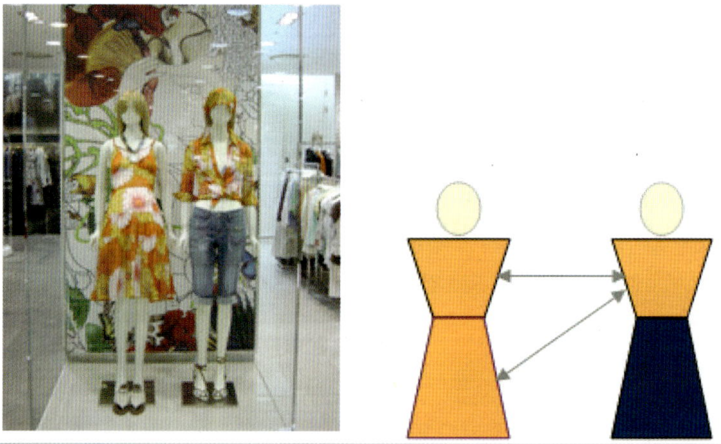

图 4-42(b)

5. 演示两台以上的人形模特

在调和两台以上的人形模特时，中心色彩或花纹的比重应占整体色彩的50%，才能展现出统一感与调和感。图4-43中要强调的花纹服装占整体色彩的70%，让顾客很容易地了解到什么是主力商品或流行商品。

图4-43(a)

图4-43(b)

演示三台或四台以上人形模特的时候，其主色突出才能传达强有力的形象(图4–44)，纷杂的色彩聚集在一起就会降低传达的力度。所以，演示三台以上的人形模特时，色彩不宜超过三种以上，6：3：1的色彩比率较为恰当。

图4–44(a)

图4–44(b)

在强调一种品类、一个颜色时，宜选用两种颜色表现。使用 7 : 3 或 5 : 5 的色彩比重就会成为冲击力相当强的演示(图 4–45)。

图 4–45(a)

图 4–45(b)

不管有多少个人形模特，合理地调和也能成为富有魅力的演示，被演示的人形模特应以统一的色彩为主线相连接，不仅每个人形模特自身要调和，而且整体也要调和。一个完整调和的形象更能刺激顾客的感性认识(图 4–46)。

图 4–46(a)

图 4–46(b)

第五章
陈列规划的基本原则

一、女装卖场陈列

女装卖场的基本要点

女装卖场要以反映季节感的流行或时尚性的表现为基本，应强调设计、素材、色彩之间的调和，再根据其商品主题的概念，差别化地演示在一起，成为能够突出商品重点的演示和陈列。因此，要在遵守演示和陈列的基本原则上，突出表现对卖场整体概念的展开，应有一个惯性的完整形象(图 5-1)。

VP 演示

根据销售计划所选定的季节商品，利用相同型号的人形模特（这时人形的高为 170～175cm 为好）与能够提高商品价值的相关饰品（项链、围巾、手提包、鞋）一起演示，服饰的全部细节要素都要具备，让顾客感到非常实用并能够达到外出的一种状态。配置人形模特的数量在2~3个，演示出道具背景的素材和色彩的完美统一感。

PP 展示

正挂展示要把主力商品按设计、素材、色彩并配合主题概念调和后再展开。货架陈列是把单品品类和相关饰品一起展开，达到关联购买的诱导作用。

IP 陈列

IP 的陈列区有衣架和桌柜、货品架等，衣架陈列按照商品的特性区分品类、素材、色彩后陈列。现在色彩陈列比品类陈列更适用，例如:前——后，左——右，短款——长款，亮色——暗色等。

图 5-1
女装特征

VP 是展现卖场的概念和季节的，是代表商品主题的地方。同时，也是卖场的脸面，是一个需要计划性演示的地方。在 3 台人形模特上进行深绿色和芥菜色互相连接调和时，应与能够诱导包、项链、围巾等的关联销售的饰品一起，整体地调和演示（图 5-2）。

图 5-2
VP 演示特征

把PP+IP演示一样款式的连衣裙和短裙及棕色的外衣正挂后演示，并与挂在衣架上的同色系服装或能够一起协调穿着的服装同时陈列，才能提高卖场效率和销售（图5–3）。

图5–3
PP + IP 组合特征

衣架（长1200mm，宽24mm）上悬挂商品的适合数量（图5–4）：

春夏季：夹克外套　22件

裤子　30条

单上衣、衬衫　30件

套装　16套

秋冬季：夹克外套　20件

裤子　26件

上衣、衬衫　25件

连衣裙　17件

套装　14套

图5–4
IP陈列特征

二、男装卖场陈列

男装卖场基本要点

男装根据其品类，可分为正装和城市休闲装或运动休闲装。正装要尽可能地做到品质优秀，卖场须能够衬托出设计和面料细节且有品位；城市休闲装以功能性为基础，做成表现轻快、活动性的演示构成与配置。随着假日、双休日人们对健康休闲的生活方式的多样化追求，运动休闲装品牌的人气也日益升高。因此，要明确掌握商品的特性，并根据适合生活方式的提案，来抓住顾客的视线。购买男装的顾客大部分不会是自己，有女伴陪同的情况比较多，所以要演示得既视觉化又感性化。

VP 演示

根据卖场主题和计划所选定的主力商品，在相同的人形模特（高为175～180cm）上和男性饰品（领带、包、领带夹、袖扣、打火机等）一起从整体调和地演示，向顾客表现品牌的形象。店面宽阔视野好的卖场也可选用坐姿等人形模特，运用应结合其服装品牌的定位。

PP 展示

利用正挂和侧挂的适当配置，避免卖场的单调，使卖场有生动感，流水台或货架上的衬衫可与领带一起做调和展示，诱导性地联系销售。

IP 陈列

IP 陈列空间的边界衣架高为1400mm，每个品牌的中央衣架高为1250mm以内，衣架陈列要像女装一样按设计、素材、色彩展开，例如：前——后，左——右，短款——长款，亮色——暗色。

VP是卖场的脸面，因此要选择确实能够传达卖场品牌形象的商品，调和演示。调和的时候选择在款式或面料色彩上有统一性和关联性的商品（图5-5）。

图 5-5
VP 演示特征

PP是把卖场内部桌子或货架上的鞋、包、皮带等和服装适当地调和后展现生活提案的地方，要按照色彩相关性并联系销售相关性一同展示。

绿色系的针织品上衣和鞋、帽子、皮带、裤子等展示在一起，提示顾客只要如此搭配，即是协调而适合的最佳组合（图5-6）。

图 5-6
PP 展示特征

衣架(长 1200mm)上悬挂男性正装商品的合适数量（图 5–7）:

上装类 12 ~ 20 件

下装类 22 ~ 25 件

图 5–7
IP 陈列特征

男装卖场中男装在一个货柜一起展现的情景。正挂和侧挂应配好协调的色彩后陈列，以适当的量侧挂商品，使其能够衬托正挂出样的商品（图 5–8）。

图 5–8
PP+IP 组合特征

三、童装卖场陈列

童装卖场的基本要点

童装卖场要以适合儿童每个年龄段的演示表现为基础。应达到强调色彩、面料材质、设计的协调性的组合效果。与女装、男装相比较而言，色彩组合最优秀的卖场就是童装卖场。一般称儿童为带着6个口袋的客人，这是指其爷爷和奶奶，姥爷和姥姥，妈妈和爸爸一共有6个人口袋能够出钱的意思。童装以视觉的可爱演示后，卖场销售提高的几率非常高。所以，在以色彩为中心的相互协调或能够把相关联穿着的品类一起陈列，使得任何人都能够较容易地挑选出孩子所需的服装。

VP 演示

卖场的主力商品或季节性明显的商品，使得女童/男童的商品相互调和的演示。人形模特的高度为1200～1400mm，根据不同的年龄，与能够突出商品重点的饰品（小狗、玩具、季节饰品）一起演示成有趣而快乐的氛围。

PP 展示

能表明各种商品整合后的陈列信息，用三角形结构等方法，有效地将方案展示在衣架前面或上面。如有主题色彩商品时采用重点陈列的方法，打造主力商品的形象。

IP 陈列

各品牌的货架高为1200mm，中央货架高要在1100mm以内，在卖场边和中央的货架不要陈列过多的商品。在货架前面可以用主题色彩商品或主力商品正挂陈列。注意，正挂和侧挂商品的色彩在视觉上应相协调。

VP不仅要演示季节的主题商品，还要演示能够衬托商品的季节饰品。季节装饰品应是与商品一样系列的色彩或素材相似或者形象相互连接等有关联性的商品。完全不搭边的季节饰品反而会破坏商品形象（图5–9）。

图5–9
VP 演示特征（韩国乐天百货店）

正挂商品应与上装和下装、包、鞋等一起调和后展现。还要把正挂的商品放在顾客能够一下就能看到的货架或衣架上，按照尺寸和色彩垂直或水平陈列（图5–10）。

图5–10
PP 展示特征(韩国乐天百货店）

前面人形模特上穿着的商品能够直接在后面找到，按色彩的垂直陈列非常有成效（图 5–11）。

图 5–11
IP 陈列特征（韩国乐天百货店）

顾客能够轻松找到在 VP 中演示的商品，后面的货架上的商品按尺寸及色彩垂直陈列得非常好，这样的卖场站在顾客的立场上使其容易挑选，也使卖场的销售管理工作容易了许多（图 5–12）。

图 5–12
IP+VP 组合特征

四、服饰类卖场陈列

服饰类卖场的基本要点

服饰类商品包括鞋、包等皮革制品和领带、围巾、帽子，太阳镜、首饰等装饰类产品。由于商品规格都不是很大，产品类别、数量也多，所以陈列工作稍微不慎，卖场就会显得凌乱不堪。所以，要根据陈列的原则，按商品的品类、尺寸、系列等规范陈列。

领带和衬衫卖场

领带和衬衫是能够衬托出男装品位细节的重要服饰品类，也是在男性用品中色彩最为多样的。可以VP/PP/IP的适当陈列配置来提高卖场的销售效率，并要构成舒适、快乐的购物气氛（图5–13）。

皮鞋

皮鞋卖场通常在前面展示形象桌，后面是货架，这样单调的构成情况比较多。要根据卖场的情况，有VP货品窗口演示，但百货商店的情况VP就是前面的展桌（流水台），所以在构成橱窗或展桌上的商品时，应利用三角构成的多种方法（等腰三角构成，不等边三角构成）演示比较好。垂直陈列的效果最为好看实用，根据商品的款式也可以2双或3双并列垂直陈列。

包袋

包袋类商品的陈列设计通常会有很多商品系列成套演示，或把同色系的收集在一起组团陈列。VP或PP多以三角构成演示，IP则按色彩垂直或水平做陈列设计。

流行饰品

把商品按款式、尺寸、色彩分类成系列，增加产品的“面积感”营造，考虑到商品属性，可充分利用适当小道具来衬托商品，从而达到美观时尚、吸引眼球的视觉效果。运用最多的是格子构成陈列法。

类似糖果色的领带，漂亮整洁的陈列，刺激顾客的购买欲望，达到促销目的。

图 5–13
VP 演示特征
（英国 Harvey Nicoles 百货公司）

以前在陈列领带时，一般都按设计的系列来做陈列，而图 5–14 中则考虑领带的设计因素，把不同系列、花色等的商品集合在一起，以色彩渐变或冷暖的形式进行陈列，顾客可以在自己所喜欢的色彩群中比较、选择多种设计不同的领带，是一种更有效的陈列方法。

图 5–14
VP 演示特征

领带与衬衫卖场，从顾客走动的通路入口开始，由亮色到暗色贴近自然地陈列，给人的移动视线以稳定感，还能使卖场具有更宽的视觉效果（图 5–15）。

图 5–15
IP 陈列特征

领带与衬衫卖场在演示VP或PP时，也要按照色彩演示，才有可能长时间抓住顾客的视线，成为给顾客留下较长时间记忆的卖场（图 5–16）。

图 5–16
PP 演示特征

以VP、PP、IP陈列演示的男鞋卖场（图5–17）。

图5–17
VP+PP+IP组合特征

鞋类卖场的VP演示可以垂直陈列，如图5–18所示。VP演示中若将与皮鞋搭配协调的包等装饰物一起演示，效果会更好，演示时以三角构成陈列出富有稳定感的主打商品。

图5–18
VP演示特征

展柜上段部的商品选择PP陈列，利用三角构成的方法，多角度地展现商品。同时又以2只、3只做IP垂直陈列，效果分明、清晰有序（图5-19、图5-20）。

图5-19
IP陈列特征

图5-20
PP演示特征

手袋陈列时，VP应演示代表卖场的主力商品。卖场里侧上段PP展示采用三角构成的反复陈列，可以把顾客的视线吸引到卖场里侧（图5-21）。

图5-21
VP+PP组合特征

卖场IP展示以商品的颜色垂直陈列（图5-22）。

图5-22
IP陈列特征

五、衣架陈列

1. 陈列方向

衣架是陈列的道具，陈列能够同时展现给顾客个别商品的“脸”和其在商品群中的“量”，对其“脸”和“量”做适当的调节和协调，可以营造出生动的卖场。衣架陈列是组合“脸”和“量”的技术的体现，它能够改变卖场或店铺的氛围。

衣架陈列后，其上所挂服装的正面应与主通道线上顾客的视线正面迎望。人形模特旁边的衣架，其上所挂服装的正面应与人形模特的视线方向一致（图 5–23）。

图 5–23

人形模特与衣架一起设置陈列时，既便是前后都有通道的卖场，其后面商品陈列的方向也要与人形模特的视线一致，但最后一件应朝向后面的通道（图 5–24）。

图 5–24

2. 陈列数量

女性正装：衣架长度1200mm，均匀悬挂14～15件时的状态；堆在一起时，要空出整个衣架2/3左右的空间（图5-25）。

图5-25(a) 陈列前

图5-25(b) 陈列后

连衣裙：均匀悬挂状态和堆在一起时衣架的利用率（图5-26）。

图5-26(a) 陈列前

图5-26(a) 陈列后

上衣：均匀悬挂状态和堆在一起时衣架的利用率（图 5–27）。

图 5–27(a)　陈列前

图 5–27(b)　陈列后

下装：均匀悬挂状态和堆在一起时衣架的利用率（图 5–28）。

图 5–28(a)　陈列前

图 5–28(b)　陈列后

3. 衣架的高度

衣架因其种类和大小而有所差异，定位挂件商品状态的高度标准，也会影响卖场的气氛和商店的形象。

上衣：衣架高为1100mm，从地板到商品的距离为200～300mm左右为恰当（图5-29）。衣架不宜太低，否则商品会贴到地面；也不宜太高，暴露出墙面也会降低商品的价值（图5-30）。

图5-29

图5-30

上衣 + 下装：衣架高为 1600mm，从地面到商品的距离为 400～500mm 左右为最好（图 5–31）。上衣和下装要在一个衣架上陈列时，下装不能贴地。这时，上衣或下装一起陈列会更好（图 5–32）。

图 5–31

图 5–32

下装——裤子：裤架高为 1300mm，从地面到商品的距离为 200mm 左右（图 5–33）。如商品长于裤架，将导致部分裤脚呈弯曲状，影响展示效果。在设计裤架尺寸时应充分了解所销售商品的信息，选定一个最适合的高度，发挥作为表现商品价值的辅助工具的作用（图 5–34）。

图 5–33

图 5–34

下装——裙子：裙架高为800mm，如果从地面到商品的距离为100mm，稍长的裙子就会贴地，因此从地面到商品至少也要确保100～150mm的高度（图5-35）。如果牛仔裤在货柜外边，鞋在其后面陈列，这时应分类单件陈列，或者调整衣架的高度（图5-36）。

图5-35

图5-36

4. 陈列方法

上衣+下装的陈列:不同花纹的上衣和下装分别陈列（图5-37）。

图5-37

同类花纹的上衣和下装一起陈列（图 5–38）。

图 5–38

上衣和下装陈列在一个衣架上，稍不慎就能使卖场看上去杂乱无章，所以一定要拟好色彩计划后再陈列。黑色中间夹红色避免了单调，在陈列时要选择互相协调的两个颜色调和的展示（图 5–39）。

图 5–39

在一个衣架上采用色彩对比陈列时，最好不要超过两种颜色，那样才能以相互鲜明的对比传达明确的形象（图5–40）。

图5–40

5. 陈列注意事项（图 5–41）

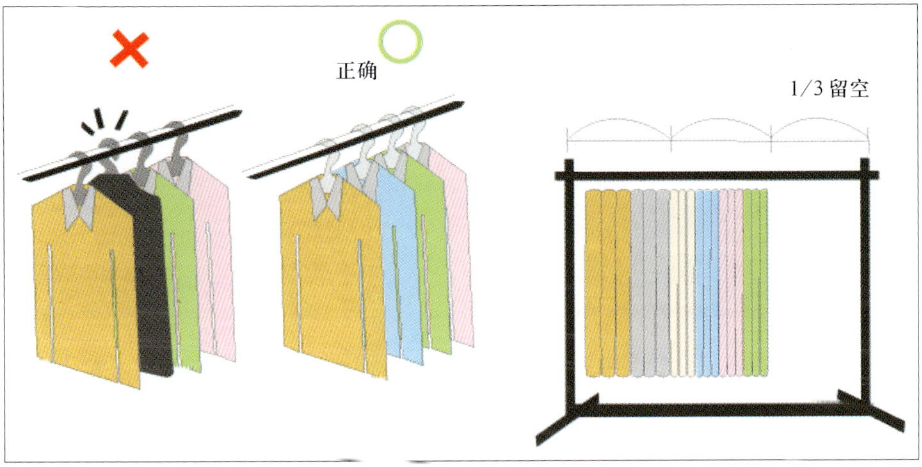

图 5–41

六、隔板陈列

1. 基本的隔板陈列方法

货架和高柜是叠放商品的基本什器。主要用于罩衫、衬衫、针织品等上衣的陈列，也可以上衣、下装成套陈列。按色彩集中后垂直陈列或在休闲卖场以配穿方式陈列，可以更好地表现色彩搭配的多样性和美感（图5–42）。

垂直陈列

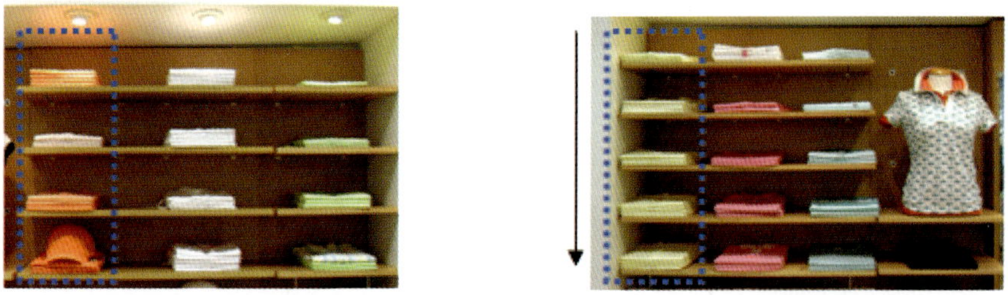

水平陈列

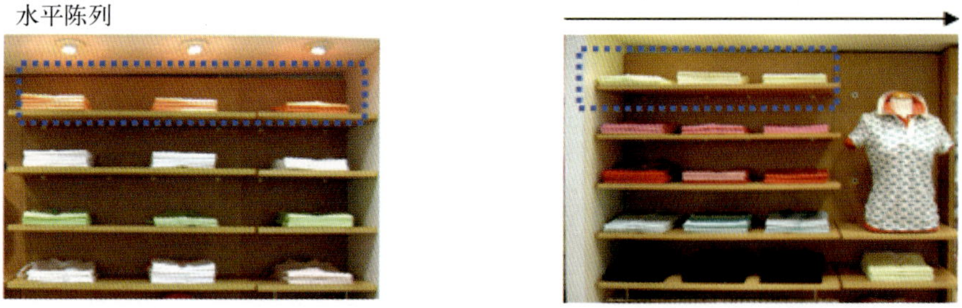

配穿的陈列

图5–42

2. 多样化的隔板陈列方法（图 5-43、图 5-44）

图 5-43
短袖衫和圆领衫上下、左右交叉陈列

图 5-44
同时展示多种色彩的短袖衫和圆领衫，给顾客提供了能够在一个货架上搭配选择的机会

3. 按色彩陈列（图 5–45）

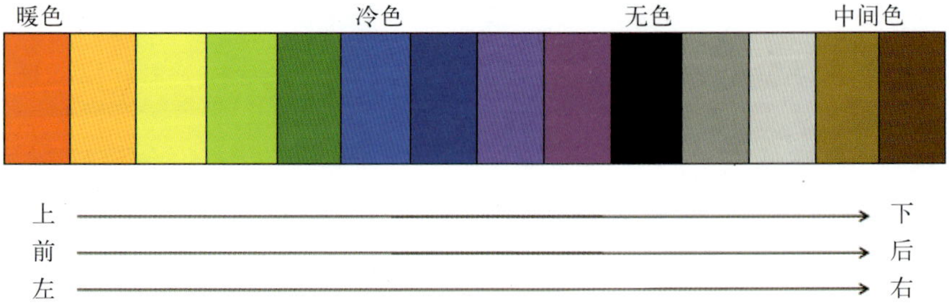

图 5–45

4. 隔板陈列的技巧（图 5–46、图 5–47）

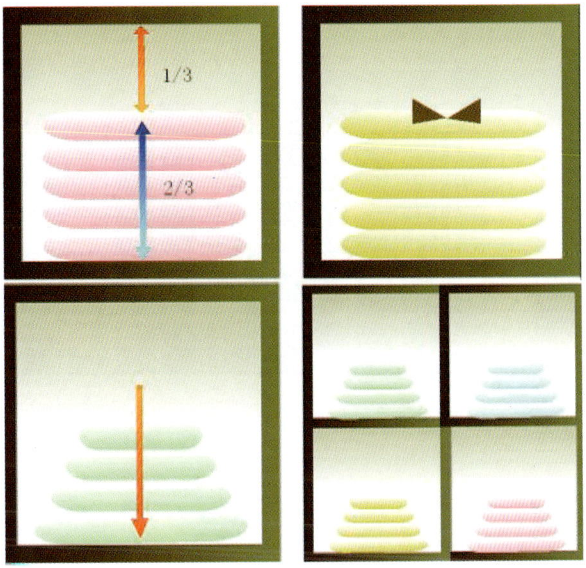

图 5–46

图 5–47

七、色彩陈列

一般，横向排列色彩时是从左至右，竖向排列时则是从上至下或根据流动线从前至后排列。现在把零散的色彩按同一系列聚集在一起，以从左至右、由明色到暗色的顺序陈列（图 5–48）。

图 5–48

排列色彩的时候，多见的是两色、三色及以上的搭配与组合，以达到新的效果，称为配色。配色过程，包括选择色相组合以及纯度、明度的调配过程。配色好坏，决定着演示与陈列的成功与否，因此是非常重要的过程。

若要配出好的色彩，需遵循下列基本原则：

① 明确演示、陈列的目的。

② 以基本色为中心。

③ 依照色彩三要素来进行调配。

④ 每一次都做多样配色调整。

陈列是直接与销售连接的空间，商品量不得不多，但如果能够保持色彩均衡、调和、有趣味、有形象，那么销售空间就须生动活泼，不仅好看，还须具有强烈的感染力。

简单的色调分类见图 5-49。

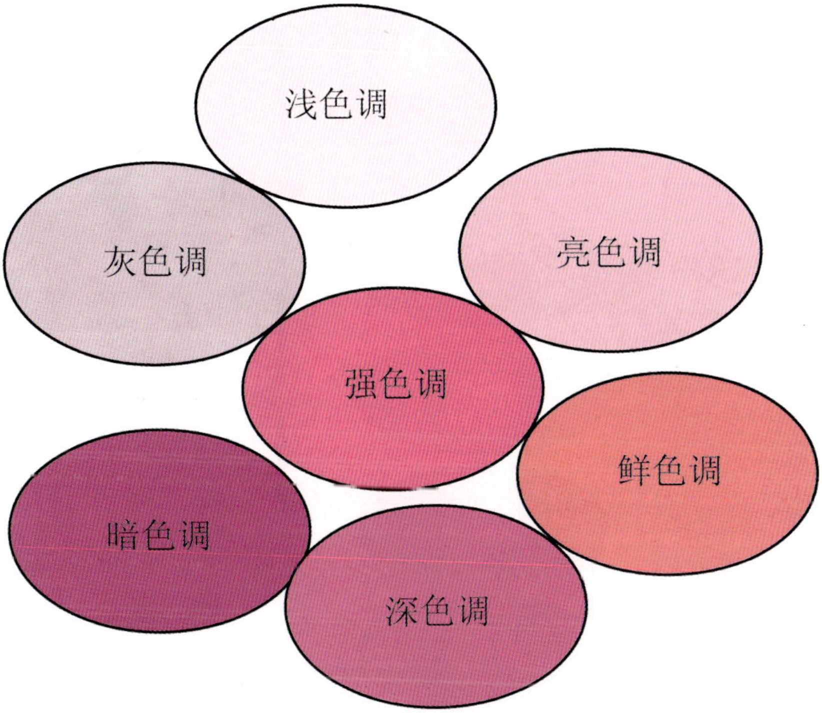

图 5-49

明度配色图例见图 5-50。

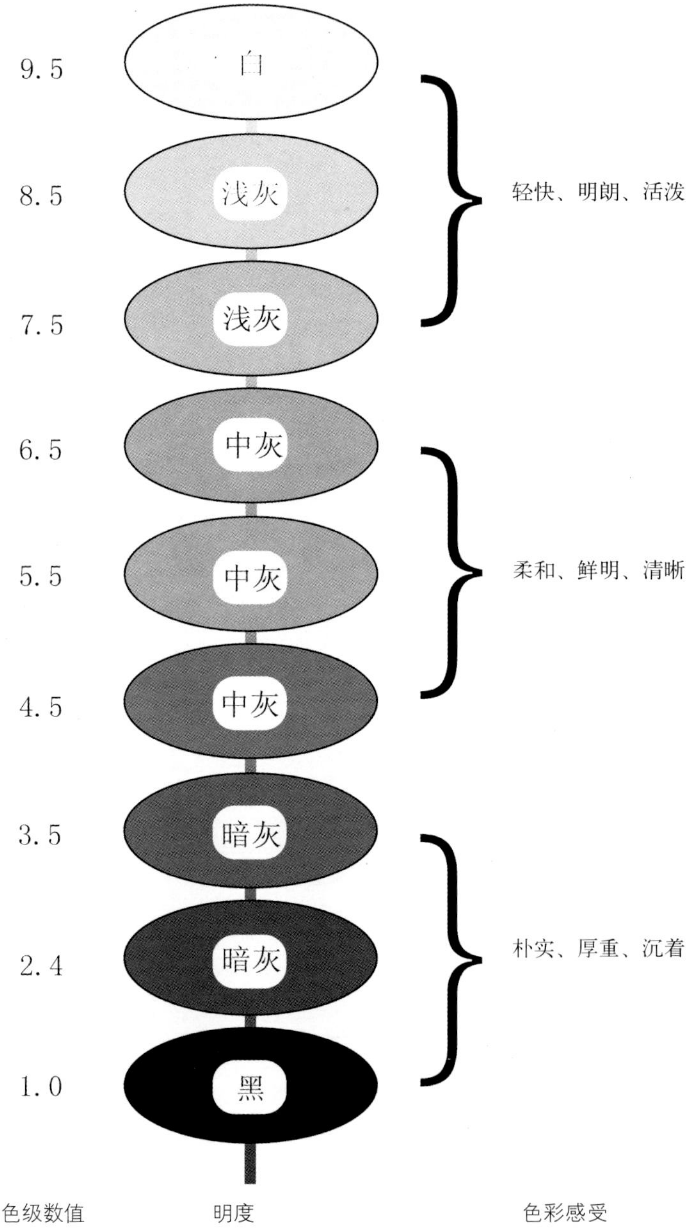

图 5-50

纯度配色图例见图 5-51。

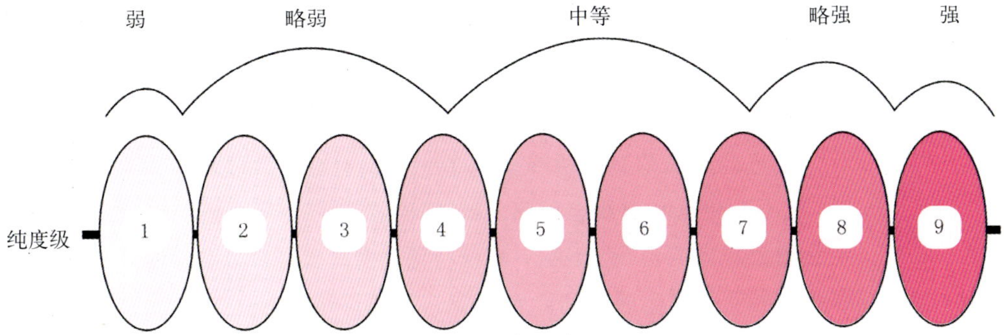

图 5-51

色彩的搭配感受见图 5-52。

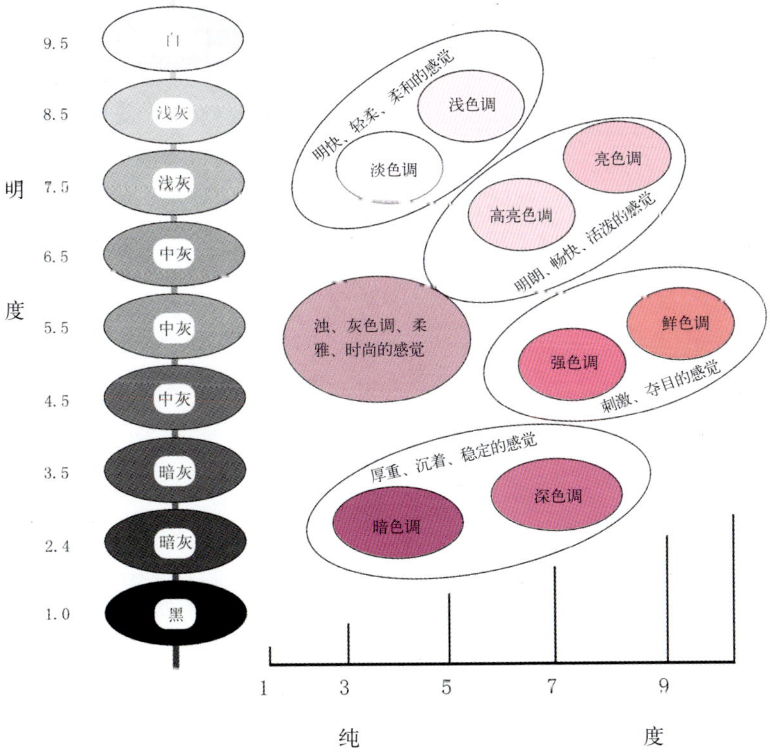

图5-52

八、季节表现

卖场的展示陈列，季节表现是一项不可缺少的题材。对商店卖场来说，应不断更新和巩固自己商品的流行观感，从顾客的反应中收集丰富的判断潮流趋向的资料。这些，就是所谓季节感的含义。也就是能及时对顾客所需的商品提出具有崭新感的陈列建议。

季节性与季节感这两个概念常常容易混淆，必须要区分开来。季节性指的是商品所具有的季节价值。季节感是商店根据潮流性而提出来的建议，并通过其演示表现出来。另外，由于季节是自然推移的，季节性便已经显示在随季节推移而出现的潮流性商品的布置陈列中了，季节性依存于商品及其本质上，应通过陈列演示反映出来。

商店内卖场中的季节表现，必须把季节感和季节性巧妙地结合起来，互相促进，提供生活品位，让顾客通过商品及其展示，领略到美好生活所带来的喜悦感。所以，不能拘束于此时此地，要考虑到年度、季节、月、周的各种周期，依照时令、气候、重大的节日、社会活动等来有计划地演示陈列。图5-53、图5-54为韩国乐天百货2006年春的橱窗和卖场内的演示陈列。

图 5-53

图 5-54

九、陈列规划的基本原则

陈列相对于VM的实施规划来说，是一种切实有效的执行计划的实际战术。虽然有多种多样的方式和方法，但在进行表现时，其组织与构成方针应该是一样的。以下的五个基本原则是必须要遵守的。

① 视觉演示、展示表现得是否得当，不在于制作技术是否高明，而在于是否清楚地说明了商品的表现主题，是否传达出正确的商品信息。

② 要有组织计划的构成，保持时间先后、空间不同点的均衡状态，以团队性统筹实施，而非个人主观的表现。

③ 要使专门制作的演示充分得到发挥，实现目标效果，应在循环的空间设置中选择恰当的构成地点，VP演示环节对卖场统一性的表现起着非常重要的作用。

④ 一定地点上的视觉演示与展示，需要与作为后盾的陈列商品巧妙结合，共同打造。在着手准备VP、PP空间之前，必须解决卖场内商品陈列的品位格调的表现问题。

⑤ 演示、展示的空间要以技术性处理，其手段的运用要有以下三个方面：视觉性巧妙表现卖场的品牌力量、目标消费者的需求、商品观感与新鲜感；按照不同的品类，在明确表现本身的同时，努力提高品牌卖场的形象；把推销、促销、续销活动穿插于其中。

卖场销售与视觉陈列的关系见图 5–55。

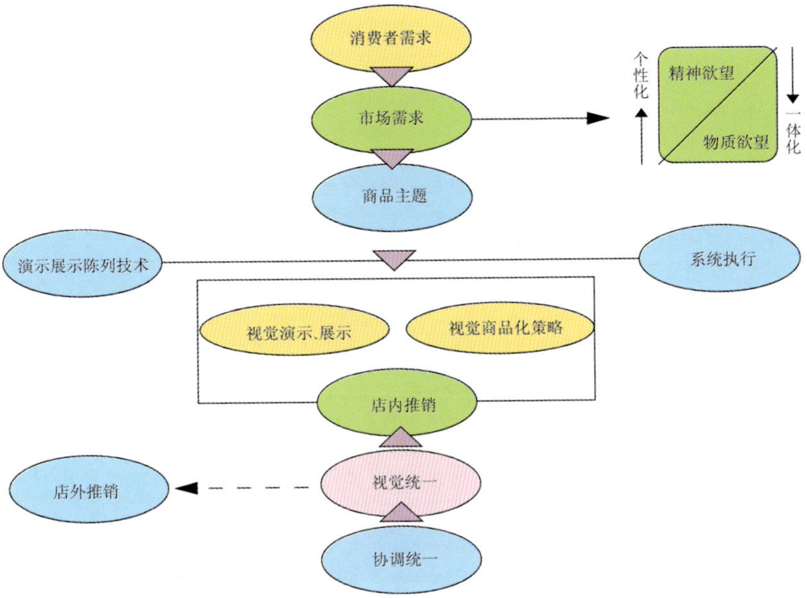

图5–55

视觉演示、展示印象能效系统见图 5–56。

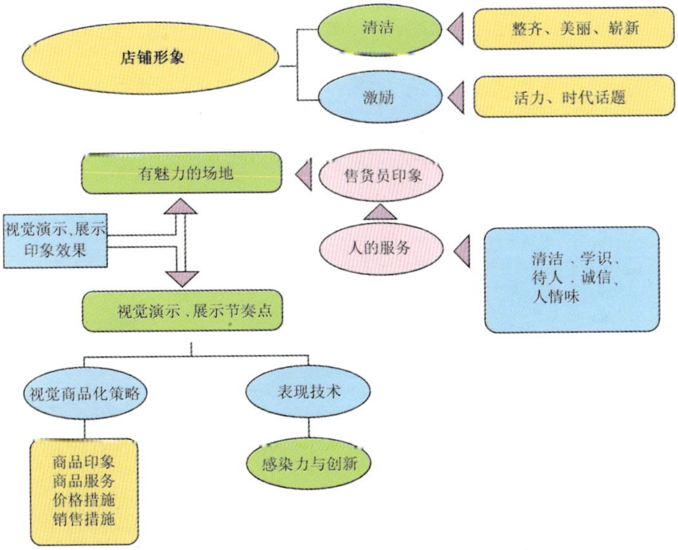

图5–56

附录
陈列规划实例

一、女装卖场陈列规划实例

陈列前

陈列后

附图 1　按照三角构成的陈列调整

陈列前

陈列后

附图 2　按照同色系侧挂 IP、PP 的陈列调整

陈列前

陈列后

附图 3　按照明度 IP、PP 的陈列调整

陈列前　　　　陈列后

附图 4　按照明度 VP、IP 的陈列调整

陈列前　　　　陈列后

附图 5　按照彩度 IP 的陈列调整

二、 男装卖场陈列规划实例

1. 男正装

陈列前

陈列后

附图6　调整了卖场的色调，使之明亮起来，将分散的3个人形模特VP演示，调整成2个人形模特的调和演示，突出了商品的价值感

陈列前

陈列后

附图7　丰富了卖场VP展台，以商品组合的手法，强调视觉表现性，突出了商品的卖点

陈列前

陈列后

附图8　调整了原先拥挤的IP陈列和杂乱的色彩系列，陈列后的PP突出了商品的价值感，提高了相关商品的销售几率

陈列前

陈列后

附图9　用漂亮的湖蓝色系的短袖衬衫穿插在正装之间，使原先呆板的衣架显得生动起来

陈列前

陈列后

附图10　调和了卖场原先的色彩，以同色系色彩商品同时出现在PP和IP中，增强了商品的选择性

2. 男休闲装

陈列前 **陈列后**

附图11　改变并调整了原来卖场的VP和PP的演示展架，突出了品牌的视觉价值，使卖场的色调焕然一新

陈列前 **陈列后**

附图12　调整前，鞋子和内衣在角落里没有显示出商品价值感，大面积的正挂外套和鞋子与折叠商品间没有呼应。重新整合了高柜隔板上的商品，将卖场内的裤子和鞋进行PP展示，增加了销售机会

陈列前　　　　陈列后

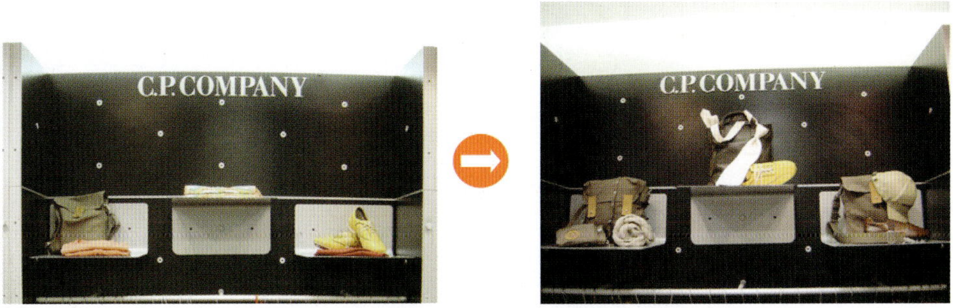

附图13　充分利用服饰品进行PP展示空间的商品整合，不仅丰满了品牌形象，也增强了销售的几率

陈列前　　　　陈列后

附图14　调整后，VP演示的人形模特与旁边PP展示之间产生联系，以流行、主打商品的粉色为色调，增强了展示商品的价值感

三、 主题性陈列规划实例

1. 表现品牌文化的VP形象墙的演示规划

附图15 通过传统木箱相机、古董风琴、复古电话桌、留声机、老式打字机和墙上的机械挂钟、电话及意大利传统手工名师织造的真丝壁画等组合陈列，巧妙的将高级男装的文化历史以“影像”“音乐”“声音”“时间”的概念性氛围，视觉性地传达给每一位观者，引发联想，强化了对该品牌文化的深度认知（TRANDS 创世男装品牌大连旗舰店）

附图16 通过墙上表现意大利传统高级手工缝制男装过程的细节图片和老式熨斗，以及部件样板，面料等陈列组合演示，将品牌文化、男装历史风貌及风格特征以视觉性语言传达给每一位观者（TRANDS创世男装品牌大连旗舰店）

2. 表现“情人节”“春节”的VP、PP的橱窗、卖场的展示规划

对于高级男装品牌，其情人节陈列的定位关键词为“浪漫”“宁静”“高雅”……通过利用烘托节日气氛的道具做陈列展示，如精美的烛台、对弈用的国际象棋、银质酒杯餐具、小提琴乐谱架等和销售主推的商品一起做“意料之外情理之中”的展示。快速有效的传达出特定节日的氛围使顾客产生情景联想，刺激并引发购买的欲望（附图17~附图19）。

附图17 （TRANDS创世男装品牌大连旗舰店）

附图18 （TRANDS创世男装品牌大连麦凯乐商场专卖店）

附图19　（TRANDS 创世男装品牌大连百年城专卖店）

附图20　春节则是用喜庆的香熏红蜡、礼袋和具有人物气质的可爱陶猪等道具，艺术性的营造中国传统佳节的喜庆元素（TRANDS创世男装品牌大连百年城专卖店）

附图 21　(TRANDS 创世男装品牌大连百年城专卖店)

附图 22　(TRANDS 创世男装品牌大连百年城专卖店)

主要参考文献

[1] 时装店展示技术 / 刁嘉编著 / 香港万里书店出版 /1986

[2] 장사 잘하는 점포의 상품진열 테크닉 / 나가시마 유키오 저,김미숙 옮김 / 국일증권경제연구소 / 2001

[3] 쇼핑의 과학 / 파코 언더힐 저,신형승 옮김 / 세종서적 / 2000

[4] 패션 VMD/ 이영주 저 / 미진사 / 2001

[5] 디스플레이 연출 / 권경선 저 / 도서출판국제 / 1994

[6] 감성만족 컬러 마케팅 /I.R.I 색채연구소 저 / 영진닷컴 / 2004

[7] 실내 디자인과 색채 / 인테리어 산업협회 저 / 윤혜림, 강순길 옮김 / 도서출판국제 / 2001

[8] 색의 유혹 / 에바 헬러 저,이영희 옮김 / 예담 / 2002

[9] 마케팅 심리학 / 시게타 슈지 저,방규철 옮김 / 일빛 / 2004

[10] 플러스 케팅 / 오가사와라 쇼지 저,양영철 옮김 / 삼양미디어 / 2004

[11] 컬러 마케팅 / 다카사카 미키 저,김정환 옮김 / 이손 / 2004

[12] 매장을 위한 디스플레이 마케팅 / 심낙훈 저 / 도서출판국제 / 2003

[13] Contemporary Vidual Merchandising/Jay Diamond , Ellen Diamond / Prentice Hall / 1999

[14] Designing to Sell/Vilma Barr,Charles E.Broudy/

McGraw-Hill,Inc./1990

[15] FASHION BUSINESS/Jeannette Jarnow & Mirian Guerreiro/Macmillan Publishing Company a division of Macmillan, Inc./1991

[16] Fashion Merchandising and Marketing/Marian H. Jernigan & Cynthia R.Eastering/Macmillan Publishing Company/1990

[17] MAHATTAN with LOVE/Doroth Rice/Glen House Journey Edition/1995

[18] Silent Selling/Judith A.Bell/ST Publications Cincinnati, Ohio/1998

[19] VISUAL MERCHANDISING & DISPLAY/Martin M. Pegler/Fairchild Publications NY/1993

中国纺织出版社图书推介：

国际服装丛书·营销·设计

《时尚买手》

从书名：国际服装丛书·营销
作　者：【英】戈沃瑞克　著
　　　　甘治昕 弓卫平　译
开本：16开
建议上架：服装·营销
定价：30.00元

《全程掌控服装营销》

从书名：国际服装丛书·营销
作　者：【韩】崔彩焕　著
　　　　严正爱　李兰　译
开本：16开
建议上架：服装·营销
定价：36.00元

设计

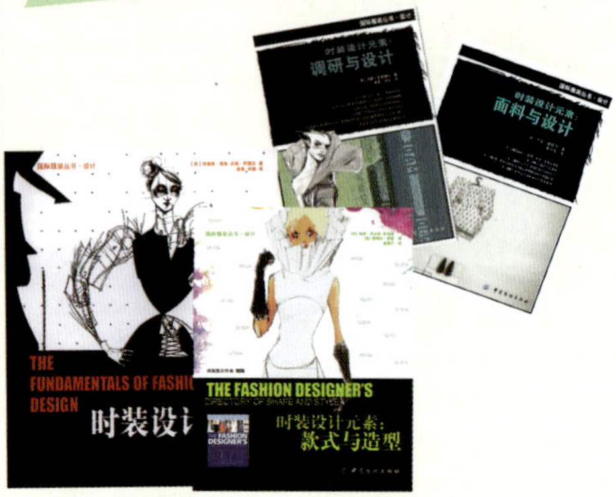

《时装设计元素》

作者：【英】理查德·索格
　　　　杰妮·阿黛尔　著
　　　　袁燕 刘驰　译
开本：16开
建议上架：服装·设计
定价：48.00元

《时装设计元素：调研与设计》

作者：【英】希弗瑞特　著
　　　　袁燕　肖红　译
开本：16开
建议上架：服装·设计
定价：49.80元

《时装设计元素：款式与造型》

作者：【英】西蒙·卓沃斯–斯宾塞
　　　　瑟瑞达·瑟蒙　著
　　　　董雪丹　译
建议上架：服装·设计
定价：42.00元

《时装设计元素：面料与设计》

作者：【英】杰妮·阿黛尔　著
　　　　朱方龙　译
建议上架：服装·设计
定价：49.80元

《视觉营销：橱窗展示与店面陈列》

作者：【英】托尼·摩根　主编
　　　　陈望　译
开本：大16开
建议上架：服装·营销
定价：78.00元

《时装设计》

从书名：国际服装丛书·设计
作者：【英】苏·詹金·琼斯　著
　　　　张翎　译
开本：16开
建议上架：服装·设计
定价：58.00元

中国纺织出版社图书推介：

《成为超模——超级模特入门手册》
作者：郭佳岚　编著
定价：45.00元
第一本“新丝路模特教程”教材
模特培训教学专家悉心打造
数百幅图片助你感性进入超模天地

《T台幕后——时尚编导手记》

作者：张舰 著
定价：39.80元

《优雅香奈尔 经典纪梵希
——跟大师学风格与搭配》
【韩】崔京源 著
徐 伟 译
定价：39.80元

《红色范思哲 灰色阿玛尼
——跟大师学色彩搭配》
【韩】崔京源 著
博文慧 译
定价：39.80元

《手做花样小发饰》

内附73款详细的裁剪制作方法。

利用各种边角布料，轻而易举地制作出可爱、时尚又兼具实用功能的装饰头花和缎带发饰！

不论是居家、外出，还是正式场合都可以佩戴；还可以当做礼物送人，亲手缝制的更有情意哦！

定价．19.80元

《手做香草系时尚小单品》

内附42款详细的裁剪制作方法。

用棉布、亚麻布缝制的小巧单品：可爱小吊衫，有短款长款和裙款，与背心、T恤都可搭，与裙子、仔裤都可配，各式穿着组合，每天玩漂亮的混搭吧！

定价：28.80元

《手做自然系亲子装》

内附40款详细的裁剪制作方法。

妈妈与宝贝女儿穿上同一款式的服装，像姊妹花一样，真是喜上眉梢，让人羡慕不已啊。

亲手制作自然清新的亲子装，母女之间共同度过了最温暖的时光，这是妈妈给孩子的最贴心的礼物，那传递着爱和快乐的亲子关系才是最有价值的教育理念呐。

定价：28.80元

《手做甜美的小美衣配饰》

内附32款详细的裁剪制作方法。

法国风情的服饰搭配让你的衣橱焕然一新，经典款式+时尚元素，做自己的服装设计师。

定价：28.80元

《清纯的家居小布艺》

内附84款详细的裁剪制作方法。

制作各式家居小饰品——靠枕・家居鞋・围裙・茶饮套装・餐桌组合・各式小垫・环保购物袋等，初学者做起来很简单又可爱，让你的家收获多多，与众不同哦。

定价：22.80元

《清雅的纸卷小工艺品》

内附66款详细的制作方法。

相信吗？

彩页纸+吸管/筷子/烧烤签子=工艺品。

字画框・相框・花篮花环・小盛物盒・纸巾盒・笔筒・手机座・CD盒・小书报箱・果盘・杯垫・纸篓……

你想到的都可以做来试试啊。

定价：22.80元

《清馨的环保小布包》

内附70款详细的裁剪制作方法。

是否考虑替换不环保的塑料袋呢？

缀布拼图，任意尺寸（可按自行车车筐大小）等等个性化设计，造型简约，轻巧、便携、实用。天天使用的环保袋——传统包・大提包・各样袋中袋・钱包・抽纸盒・野餐包・迷你手袋甚至鞋袋等等原生态的小物件，你选择就非你莫属。

定价：22.80元

快乐女生@浪漫家居系列
ONE DAY SEWING
一学就会的假日手工课